日本国を創りし

大《おお》国《くに》主《ぬしの》命《みこと》

島田建路

Kenji Shimada

目次

序章

黄金《おうごん》色の太陽《たいよう》が登って行く。この黄金の光輝く太陽《たいよう》の出づる東《ひがし》の地に、日の本の国があると、その昔より信じられていた。

先進民族《せんしんみんぞく》であった中国《ちゅうごく》の海洋民族《かいようみんぞく》が、日の本の国を求めて東へと流れて来て、出雲《いずも》に流れついた。この海洋民族《かいようみんぞく》は、天照大神《あまてらすおおみかみ》により海《うみ》へと発展していき、又、スサノオの命によって作られた根《ね》の国によって、陸地《りくち》へも発展《はってん》していった。

日は登《のぼ》り、又、沈《しず》み、大地を吹きぬける風の如くに時は過ぎ、出雲の国は天照大神《あまてらすおおみかみ》より四世の代・刺国大神《さしくにだいじん》の世となっていた。

大国主命《おおくにぬしのみこと》誕生《たんじょう》前に、この世の終わりを思わせる恐怖《きょうふ》が出雲の人々を襲った。グラグラと大地《だいち》はゆれた。そのうち幾分ゆるやかになったと思った直後、恐ろしい事態《じたい》はその後に起こった。

大地は激しく波打ち、木々は悲しみブルブルと震えなぎ倒され、山々も恐怖《きょうふ》に耐えられずウヲーと悶《もだ》え苦しみ、土砂《どしゃ》をはき出して崩《くず》れ、激しく揺れていた大地は悲鳴《ひめい》を上げてウヲーと引き裂《さ》かれて多くの人を飲み込んだ。

人々はこの世の終わりを思った。

だが自然《しぜん》はもっと無情《むじょう》であった。この後に、よりすさまじい恐怖《きょうふ》が人々を襲《おそ》った。しばらくすると地をゆるがす様なゴーという轟音《ごうおん》とともに巨大な海の壁《かべ》が人々を襲《おそ》い、一瞬《いっしゅん》にして津波《つなみ》は人々を飲み込んで地獄《じごく》の果てへと連れて行った。そして天の岩戸《いわど》を始め、全ての家々と自然を破壊《はかい》し尽《つ》くした。

死んだ人も生き残った人も、地獄《じごく》の底から引いて来る津波の恐怖《きょうふ》はこの世の果てまで忘れる事はない。

想像《そうぞう》を絶する恐怖《きょうふ》の破壊の後に、大地に大いなる異変が起こった。この世の終わりを思う凄まじい音とともに海は真二つに割れて、エメラルドの様な青い海の中より、青白い処女《しょじょ》の様な大地が力強い息吹を上げて生まれ出た。

出雲《いずも》の島が彼方の『根《ね》の国』本州へとつながって行った。即ち神話の『根《ね》の国』は出雲の島へと陸続きとなり『島根《しまね》の国』となった。

この大地の大異変《だいいへん》は新時代《しんじだい》の始まりであり、偉大《いだい》な巨人・大国主命《おおくにぬしのみこと》が現れんとしていた。

出生

天照大神《あまてらすおおみかみ》以降、出雲《いずも》の国は海へと発展した。天照大神《あまてらすおおみかみ》の夫・スサノオの命は天照大神《あまてらすおおみかみ》と別れて根《ね》の国と新羅《しらぎ》を興《おこ》した。根の国は新羅《しらぎ》と共に鉄器による雄々たる新しい文明で陸へと広げていた。根の国の成り立ちは鉄《てつ》であった。良質な鉄は新羅《しらぎ》にあった。

その新羅《しらぎ》と根《ね》の国の交通は、出雲の舟であった。

だから根《ね》の国は出雲の国を宗主国として奉っていた。

だが出雲《いずも》国は、島々を渡り歩く海洋人にすぎなかった。新しい鉄器文明を使って開拓していく根の国の隆盛《りゅうせい》に対し、出雲の衰退《すいたい》は目を覆《おお》うものがあった。それ故なおの事、出雲《いずも》の少年少女達はスサノオの命の冒険物語《ぼうけんものがたり》に夢をはせた。

そしてこの頃、あの大地震が起こったのであった。

壊滅状態《かいめつじょうたい》にあった出雲《いずも》の国に、根の国より、りりしい怪力の王子・冬衣《ふゆきぬ》の命を部隊長《ぶたいちょう》とする救援部隊《きゅうえんぶたい》が送られた。

王子・冬衣《ふゆきぬ》の命部隊長《ぶたいちょう》の活躍はめざましいものがあった。あの天の岩戸のガレキを整理していると、女性のウメキ声が聞こえてきた。冬衣《ふゆきぬ》の命部隊長《ぶたいちょう》は怪力で、この岩を次々と取り除いていくと、岩の間にキズ一つなく、美しい娘が横たわっていた。その娘こそ出雲国王・刺国大神《さしくにだいじん》の娘、刺国若姫《さしくにわかひめは》であった。死んだはずの娘が生きていたのだから、出雲《いずも》の王・刺国大神《さしくにだいじん》の喜びは言うまでもなかった。

王は、この部隊長《ぶたいちょう》を呼ぶと、部隊長・冬衣《ふゆきぬ》の命はスサノオの命が大蛇退治《だいじゃたいじ》をして助けた櫛名田姫《くしなだひめ》の五世の子孫であった。刺国若姫《さしくにわかひめは》も物語の主人公、櫛名田姫《くしなだひめ》になった様に夢でも見ている様にこの若者を恋した。そして王は、この若者を娘のムコに迎え入れた。出雲の庶民《しょみん》はスサノオの命が生まれ変わり出雲に帰って来てくれた。

刺国若姫《さしくにわかひめは》が天の岩戸でスサノオの命の子孫である部隊長・冬衣《ふゆきぬ》の命と結婚するのは、天照大神とスサノオの命の時代を超えた再婚だと喜びわき立った。

しかし庶民《しょみん》と王宮《おうきゅう》の人とは見解《けんかい》が違っていた。

第一に、根の国より出雲《いずも》の王宮にムコを迎えるのは、慣例《かんれい》を破った異例《いれい》の事である。出雲の王宮にとってはスサノオの命は、蛮人《ばんじん》に魂を売った裏切り者であった。又、日々隆盛して行く根の国に対するネタミもあった。慣例を破る事は新しい時代の始まりであると同時に、苦しみに耐える悲劇《ひげき》の始まりでもあった。結婚した刺国若姫《さしくにわかひめは》の夢と現実は大きく違っていた。

おちぶれていく出雲の王宮は蛮人と結婚した王女に陰しつな差別が始まった。新しい時代の二人に理解を示した刺国若姫《さしくにわかひめは》の父であり王であった刺国大神《さしくにだいじん》が死んでからは、陰しつなイジメは、大手をふるい出した。

この二人の間に生まれた子供こそ、この世を創りし偉大なる巨人・大国主命《おおくにぬしのみこと》であった。大国主の悲劇《ひげき》もこの様な背景から始まった。なぜなら子供は大人の百倍も敏感である。大国主は子供の頃から「蛮人《ばんじん》の子」といじめられて、王族の間では彼は奴隷《どれい》の様にあつかわれた。

何も分からない幼い大国主命はヨチヨチと歩きながら「蛮人《ばんじん》、蛮人《ばんじん》」と自分の事を言って笑った。

因幡《いなば》の白兎《しろうさぎ》

子供は可愛いと言うが、子供ほど人間の残虐《ざんぎゃく》な本性《ほんせい》を如実《にょじつ》に現す物はない。例えば、蛮人《ばんじん》が赤の他人であれば猿や犬のように可愛がるが、その猿や犬が自分と同じ王族であるならば、その嫌悪感《けんおかん》は異常なまでに高ぶるものである。

大国主は物心着いた時から、蛮人《ばんじん》として王族から差別されていた。しかし、どの子供もそうする様に、物心がつくと王族の子供達の中に入って行った。すると子供達の中の一番年長者が「この山に登れ」といきなり言った。大国主は命令されるままに小高い山にヨチヨチと登って行った。山に登れば仲間にいれてもらえると思い、仲間に入りたい一心で下を見ずに恐ろしいものを我慢して、一生懸命に登った。上に登って見ると広い海の見える素晴らしい景色が見えて来て、大国主《おおくにぬし》は得意になって「オーイ、オーイ」と下にいる子供に向かって声を張り上げてみせた。すると下の子供達はヒソヒソと意地悪そうな笑いを浮かべて「ワー」と声を上げて一斉に逃げ出して行った。

大国主は急激《きゅうげき》に、この世の中にたった一人残された不気味さと恐ろしさに山を降り始めた。山は登る事より降りる事の方が何倍も難しい。ましてや大国主は歩き始めたばかりの幼児である。滑り落ちたらそのまま死んでしまう。

その恐怖を抑えて、足をズルズルと滑らしながら泣きながら幼い大国王は降りて来たのだった。

こうして大国主へのいじめは始まり、エスカレートしていった。

しかし大国主《おおくにぬし》は幼かった。「磨呂《まろ》も仲間にいれて」と入って行くと、中の一人が大国主の襟首《えりくび》を掴《つか》んでめった打ちにして「蛮人《ばんじん》は磨呂《まろ》などと言う王族の言葉を使うな」と捨てゼリフを言ってどこかへ遊びに行ってしまった。

子供達が大国主《おおくにぬし》をいじめるのは、大国主が蛮人の子と言う以外に、もう一つの理由が有った。それは出雲《いずも》の国の衰退で有った。確かに朝鮮半島から日本の伊勢まで百以上の港を作り一大海洋王国を作っていたが、見方を変えれば、バラバラに散在する港から港に渡り歩く、何時果てるかわからない渡り鳥の様な海洋人にすぎなかった。

それに比べスサノオの命の根の国は新羅と共に新しい文明、治水事業と稲作《いなさく》と鉄器《てっき》文明によって多大な富を築き領土を広げ、日本と朝鮮半島に足場を築いていた。その輝かしい隆盛は百以上ある海洋人の港にも影響して、港の中には出雲の国を無視して、根の国を宗主国と仰ぐ港の首長も現れ始めた。この事は出雲王国をして根の国にいらだち、憎悪してスサノオの命とその子孫を蛮人《ばんじん》に魂を売った裏切《うらぎ》り者、卑怯者《ひきょうもの》として憎んで行った。子供は大人の百倍も敏感《びんかん》で残酷《ざんこく》でもある。

大人の意を受けて蛮人の大国主に対して、イジメは、より陰湿《いんしつ》に残忍《ざんにん》となって行った。しかし悲しいかな大国王命《おおくにぬしのみこと》はイジメを遊びだと思っていた。例えば、白鳥《はくちょう》の子が生まれて始めて見た親がガチョウだとすると、ガチョウを自分の親だと付いて行く様に、生まれつきイジメられていると、大国主は王子たちに何をされてもイジメを遊びと思って、殴《なぐ》られても蹴《け》られても王子たちの中に入って行った。大国主が「泳ぐこともできるのだよ」と王子たちの中に入っていくと、大国主の手と足を持って海の中に放り込んだ。出雲の海はリアス式海岸で海の中にニョキニョキ岩が出ている。崖から放り込んで岩に当たれば死んでしまう。必死になって海から上がって「服が濡れちゃった」と王子達の所へ行くと、大国主《おおくにぬし》をポカリとたたいて「あいつはもう海で死んだよな」と大国主を足で蹴って笑った。それでも大国主は相手にして欲しくて「僕は死んで、もう居ないんだよ」と一緒になって笑った。大国主は決して馬鹿でも白痴《はくち》でもない、幼くて何も分からなかった。他方、王子たちは、蛮人の血を引く大国主をイジメテ楽しむと言うより、めざわりで、消し去りたかった。

もちろん母の刺国大姫《さしくにわかひめ》は、傷だらけでイジメられて来る大国主に涙を流して大変悲しんだのは言うまでもなかった。

それで母は、このままではイジメられて、いずれ死んでしまう大国主を王子達より隔離《かくり》して部屋に閉じ込めて勉学させた。勉学させるのは単にイジメからの逃避だけではなかった。このままでは王室に残れないどころか、全国にある港の長にもなれない大国主が生きていくには平民が学ぶ医学等の技術を持つ必要があった。

このとき学んだ技術・医学が、その後の国作りにいかんなく発揮《はっき》されたのは言うまでもなかった。こうして大国主は来る日も来る日も遊ぶ事はなく、日が昇り朝の日が射すと勉学を始め、日が沈み太陽が山や木々を紅に染める頃に、勉学を止めた。

幼い大国主は、外で王子達の声が聞こえると遊びに行く、と言ったが、母は涙を流して止めた。心を鬼にして勉学を強要した。

こうして大国主は成長していった。大国主が立派に成長した頃、因幡《いなば》の港に、世にもマレなる美人が居る事が評判になっていた。これを聞きつけた王子達も、この美人を嫁にと因幡《いなば》の港に出かける事になった。

王子達は苦労知らずのボンボンである。王子の一人が言った「長い船旅だ。何か面白い余興《よきょう》はないか」と。

すると「それなら何年も部屋から出た事もない青白い蛮人・大国主を酒のサカナに連れて行けばよい」と言うと王子達は腹を抱えて笑い合い、すぐに決まった。王室から王子達と一緒に因幡《いなば》の港の姫に見合いをしに行かないか、との話が大国主の元に来た。

刺国大姫《さしくにわかひめは》は王子達も皆大人になった事だし、昔みたいな事はあるまいと思ったし、そう願った。それより親心から立派に成長した大国主に世にもマレなる美人と合わせてやりたかった。

こうして大国主は王子達と因幡《いなば》の港に行くことになり船に乗った。しかしボンボンは大人に成ってもボンボンであった。大国主が何か喋《しゃべ》ると「この蛮人め」と殴りつけ、そして興《きょう》が高じると船から投げ出した。船に泳いで付いて来る大国主を笑って興《きょう》じようとしたのだ。

しかし大国主は海にもぐって亀《かめ》を捕まえて乗って出雲に帰って行こうとした。亀は首を捕まえれば左右どこでも自由に動く。大地を走る馬と同様に海の上を走る乗り物である。これには王子達もあわてて、大国主に船に乗ってもらうよう哀願した。それで大国主は一番最後の貨物船に従者と一緒に乗ることになった。

浜に着くと、裸の女が傷だらけで倒れていた。神話には「裸の兎《うさぎ》が伏していた」と有るが、兎《うさぎ》ではなくて遊女《ゆうじょ》か飛んでいる娘だったのでしょう。この時代に日本には兎《うさぎ》はいなかった。

何か面白いいじめの対象を探していたボンボンの王子達がこの面白い余興《よきょう》、裸の女を見逃すはずはなかった。

王子達はすぐに女に近づいて行き、「お前がしなければならない事は、この海の水を浴びて、その後に、風の吹く高い尾根で伏している事だ」と教えた。女は教えられた通りにして山上に消えて行くと王子達は「ああ、面白い」と顔を見合せてニヤニヤと笑い合った。

女は山上に伏しているると体の塩水が乾くに従って皮膚はひび割れて血が吹き出し始めた。苦しみもがき泣き伏していると、最後に従者と一緒に大きな荷物を背負いながら来た大国主が見つけて「どうしてお前は泣き伏せているのだと聞いた。女は「私は沖の島に居りましたが、こちらに来たくても来る術が有りませんでした。そこで海の舟人を欺《あざむ》いて『私には因幡《いなば》に女の姉妹が沢山います。一つ、あなたの兄弟と私の姉妹とどちらが多いか比べっこをしてみましょうよ』と言って因幡《いなば》の浜に来て、着いたらすぐに「お前達は私に騙《だま》されたんだよ」と逃げだしたけれど足の早い舟人につかまり着物を剥《は》がされ、なぶり物にされてしまいました。

悲しくて泣き叫んで居た所を、先に通った王子達が『海水を浴びて風に当たっていよ』とおおせられたので、その通りにしましたら体中がひび割れてしまいました」と言いました。

大国主は医学の技術が有りました。その女に教えて言うのに「今すぐ、この下の水処に行き、清水で体を洗い、その付近に生えている蒲の花を取り集めて敷き散らして、その上に寝転んでいれば貴方の体は元のように治るでしょう」。

教えられた通りにすると女の体は元どおりに治った。そこで女が大国主に申すには「あの王子達は八上姫《やがみひめ》を得る事は出来ないでしょう。貴方様こそ必ず姫様を得る事が出来るでしょう」と言った。

狭い因幡《いなば》の港の出来事である。大国主の評判は港中に広がり、そして八上姫《やがみひめ》のもとにも伝わった。

こうして王子達と八上姫《やがみひめ》の対面の時がやって来た。

八上姫の前のスダレが取れると、その姿の美しい事、美しい事。

あまりの美しさに王子達はただ「アーアーアー」と溜息《ためいき》と感嘆《かんたん》の声を漏《も》らして、ただ口をポカンと開けているだけだった。それでも心のある王子は舞を踊ったり言葉たくみに取り入って八上姫《やがみひめ》に自分を売り込んだ。

しかし姫は王子たちの後ろにいる汚い服を着ているが澄《す》んだ目をした大国主を見つけたのでしょう。王子達がいかに上手に取り入っても、その苦労知らずの意地悪そうな目は隠すことが出来ない。噂に聞いた大国主の澄《す》んだ目はこの世とは思われない圧倒的《あっとうてき》な美しさで輝いていた。

八上姫《やがみひめ》は即座《そくざ》に王子達に答えた「私はあなたたちの言葉は聞きません。大国主様の嫁になります」と。

王子達の怒りは、それはそれは尋常《じんじょう》な物ではなかった。「大国主め！　殺してやる！」と手を震《ふる》わして言った。

王子達は謀《はか》って、伯伎の国の手間山の麓《ふもと》に大国主を連れて行って「この山に赤い猪《いのしし》がいる。我々がそれを追い下したならばお前は、それを持ち取れ。もしそれを取り逃したら、お前を殺すぞ」と言って猪に似た大石を火で焼いて上から転がし落とした。大国主はそれを捕らえ様としたら「ウオー」と絶句《ぜっく》したまま石に焼き付いて死んでしまった。

母・刺国若姫《さしくにわかひめは》大変悲しんで、平民の頭領・高御産《たかみむすび》に助ける様に頼みに行った。頭領・高御産《たかみむすび》はすぐに赤貝《あかがい》の姫とハマグリの姫を遣わした。赤貝の姫が貝を削り、ハマグリの姫がこれを受けて加工して、母乳の汁を混ぜて大国主《おおくにぬし》に塗った所、立派な若者に回復して出歩く事が出来るようになった。

生き返った大国主を見た王子達は、又、だまして山に連れて行った。今度は大きな木を切り倒して、それに楔《せん》を打ち込んで木を割り、その割れ目に大国主を押し込み、すぐに楔を抜き放った。ギイーと言う奇怪な音と共に木は大国主を挟み込んだ。大国主は真っ青な顔から虚ろな声を発したが、悪魔のような奇怪な木の音にかき消された。圧殺されていく体からは真っ赤な血が流れ出た。この事が母・刺国若姫《さしくにわかひめ》に伝えられると母は泣き叫び、たいまつを持って山中を探し求めた。大国主を見つけて、木を開いて取り出した頃には日は山上に出ていた。

大国主がそれでも息を吹き返したのは、若さもあるかもしれないが先進民族の漢方医学と手当てによるものだった。

大国主が息を吹き返すと母親は「あなたがここにいたら間違いなく王子達に殺されてしまう。紀伊の港の大屋命の所に行きなさい」と言うと、従者が「裏街道を案内しましょう、さもないと王子達に殺されるでしょう」と教えた。真実、表街道は王子達がすでに手を回して、表街道では大国主は捕まり殺されていた。

裏街道を通って瀬戸内海に出ると、その美しい風景を見た。雨風が吹けば島々の木々はヒューヒューと騒ぎ、太陽が照れば木々は両手一杯に手を広げ、海は満面の笑みを浮かべる。この大自然の美しさに、生命の息吹を見た。心臓の鼓動《こどう》、命の鼓動を見た。王子達にされるがままの大国主命《おおくにぬしのみこと》は、この大自然から体の中より力強い命の躍動《やくどう》を感じ始めていた。

紀伊の港に着いて一ヶ月目、夕日が木々を真っ赤に染め始めた頃、ドラがガンガンなり始めた。海には何十隻の軍艦が近づいて来た。大国主はすぐに悟った。港に着くと、やはり、王子達が降りてきた。

この時代に紀伊の港と言えば、出雲からは丁度、地球の裏側の様な所である。何と言う、しつこい王子達であろうか！　弓矢を持った王子が言った「この港に大国主が居ると言う確かな情報がある。すぐに引き渡せ」。紀伊の国の頭領・大屋命が大国主の所に駆けつけて「実を言いますと、すでに貴方様の『死の宣告』が出雲の王室から出て、殺す命令を皆知っています。しかし皆、内心は馬鹿どもの王子達にはうんざりしています。私の知っている内地人の従者を付けますから、裏山からお逃げ下さい。内地は山賊もおり危険ですが、海洋の港には『死の宣告』が出ていますから、捕まってすぐに殺されます。

海上より内地の方がまだ安全です」。

死の宣告とは今で言う懸賞金《けんしょうきん》つきの殺しの命令である。大屋命も、大国主を王子達に差し出せば大金が手に入った。逆に危険を犯して大国主を逃がそうとしたのは、王子達への反感だけでなく、大国主に、ひとかどでない特別な物を感じ取っていたからだった。大屋命はさらにつづけた。「須佐之男《すさのお》の根の国に行きなさい。いや、貴方様の行く所は根の国しかございません。必ず根の国が何とか謀《はか》ってくれるでしょう」。

もう小雪が舞う冬に入っていた。木枯らしのビュービュー吹きつける暗くなった山道を大国主は手を丸めながらトボトボと歩き始めた。何時果てるとも分からない苦難の道を。冬の逃避行《とうひこう》は大変な苦難《くなん》であった。だが、苦難《くなん》が多ければ多いほど人間を作るものである。

王子達に隠れてした勉学の様に、この苦難《くなん》の逃避行《とうひこう》で得た知識こそが大国主の国づくりの原動力であった。

大国主は内地人の風習《ふうしゅう》・習慣を見た。例えばカラスを忌み嫌う風習《ふうしゅう》、特に戦う時は忌み嫌う風習《ふうしゅう》や、トンビが飛び下りて来てとまれば幸運を得る、と言う風習《ふうしゅう》を。これは、後の神武天皇の山戸《ヤマト》攻略にいかんなく力を発揮した。大国主は色々な人や国を見た。吉国《よしくに》の王・竜王《りゅうおう》の名声を聞いた。

その竜王《りゅうおう》こそが、後に大国主の最強最大の対戦相手になるのであった。

瀬戸地方は多くの国に分かれていたが、竜王は神出鬼没の戦いぶりと、その重厚な人柄に人々の信望を一身に集め、瀬戸をまとめ多くの属国を従えて、瀬戸の覇者と成っていた。何故この様な英雄が出て来たのか。それはほかならぬ根の国の存在であった。石と竹槍の狩猟民族の中に、突然、稲作の鉄器文明が出現したのである。

根の国が隆盛すればするほど回りの原住民の危機感は高まり、竜王を出現させたのである。又、竜王《りゅうおう》が強力に瀬戸を統一して治安を保っていたからこそ、大国主が山賊にも会わず安全に通過して根の国に入れたのであった。丁度、ユーラシア大陸をモンゴル帝国のジンギスカンが統一したからこそイタリアの商人マルコポーロが安全に元国・中国に行けたのと同様に。

大国主は色々な知識を得て根の国に入って行った。

須勢理姫《すぜりひめ》

こうして紀伊の国の頭領・大屋彦が言われた通りに大国主命《おおくにぬしのみこと》は須佐之男《すさのお》の根の国に入る事ができた。そして根の国に入ると須佐之男《すさのお》王の娘・須勢理姫《すぜりひめ》とすぐに結ばれることになるのだった。須勢理姫は神話の大事変・国譲りにも登場する重要な副主人公である。

根の国とは八俣の大蛇を退治したスサノオの命の作った国である。今、出た須勢理姫《すぜりひめ》の父・須佐之男《すさのお》王は、そのスサノオの五世の子孫である。同じ名前なのは、例えば、ハワイを統一したカメハメハ大王の子孫は王になると全てカメハメハ大王と名乗ったのと同様な理由か。もしくは須佐之男とは王の代名詞だったかも知れない。

大国主は根の国に入ったがその根の国の須佐之男《すさのお》と言え、出雲の国は宗主国であった。例えば米国が宗主国・英国に逆らえない様に宗主国・出雲の命令には逆らえない。大国主と危険な旅を命がけで助けて来た従者は、そのまま須佐之男の王の所に連れて行けば殺されるのではないかと感じた。そこで、まず王の姫たちの居る奥の院に大国主が亡命してきた事を伝えた。大国主の因幡での話は誰もが知っている、根の国にまで評判になっている有名な話だった。その話の主人公が命乞いに女性達の居る奥の院に来たのです。女達が色めき立ったのは言うまでもありません。

その中で太陽の光と共に大国主が現れる様はこの世とは思われない圧倒的な美しさで輝いていた。皆が気圧された様に見つめる中で王の娘・須勢理姫《すぜりひめ》は飛んでいって大国主と目と目を合わせて、お互いに愛し合って、夫婦の契りを結んだ。

長い道のりを亡命して来た大国主《おおくにぬし》に同情して、助けたい、恋しいの一心で二人はすぐに結ばれたのだ。

その足で王宮に連れて帰り、父、須佐之男《すさのお》に「とても素晴らしい方がおいでになった」と大国主を連れて行った。

王も驚いた。王は「この男は出雲の国から『死の宣告』の出ている大国主である。根の国の王であろうとも命令に従わなければならない」と娘に告げて、大国主を毒蛇の部屋に連れて行って寝かせた。

しかし、すでに　新妻となっていた王の娘・須勢理姫《すぜりひめ》は、古くからの蛇よけである肩に掛ける布を夫に渡して「もし蛇が噛み付こうとしたならば、この布を三度振って追っ払って下さい」と教えた。そこで教えられた通りに布を三度振うと蛇は自然とおとなしくなった。それで、スヤスヤと寝て死なずにそこを出た。ところが、次の晩には大国主はムカデと蜂《はち》の部屋に入れられた。スゼリ姫は又、ムカデと蜂《はち》を防ぐ布を与えて前の様に教えられた通り布を三度振うと、スヤスヤと寝むれてそこを出た。

なかなか死なない大国主命《おおくにぬしのみこと》に、須佐之男《すさのお》は業を煮やして今度は焼き殺す事を計った。鏑矢《かぶらや》を広い野原に射り入れて大国主に、その矢を取って来るように命じた。大国主が野に分け入ると焼き殺そうと、その野原の回りに火を付けた。

周囲は火の海になり大国主は出口がなくて困っていると、どこからともなく鼠《ねずみ》が集まって来たので、鼠《ねずみ》が逃げていくのについて行くと地中に逃げ込んだので、そこを踏むとストンと地中に落ち込んだ。で、その落ち込んだ洞穴に隠れていると、その間に野火は焼け過ぎて行った。さらに驚いた事に、洞穴の中で鼠《ねずみ》が群がって突付いているのを見ると、野に射り入れた鏑矢《かぶらや》で有った。

死んだと思い新妻の須勢理姫《すぜりひめ》は死に葬具を持って泣きじゃくりながらやって来た。須佐之男王も大国主はもう死んだと思い、感きわまって焼け野原に立ちすくんでいた。その時、ボウボウとした煙の中から大国主が現れたから、皆、驚きおののいた。その驚嘆の中、大国主は先の鏑矢《かぶらや》を須佐の男王に渡した。

仕方なく、須佐之男《すさのお》は自分の宮殿に連れて行き、大広間に呼び入れて、どの様にしたら良い物かと考えながら、自分の髪の毛の虱《しらみ》を取らせた。大国主が王の頭髪をみると虱《しらみ》ではなくてムカデがウヨウヨいた。

昔、天照大神とスサノオの命の父・イザナギ王が根の国に行って、原住民を見るとウジがうようよと湧きたかっていたのでビックリして逃げ帰ってきて「汚いの汚いの、本当に汚い国に行って来たものだ」と言いました。海に住む海洋人にしてみれば原住民は確かに汚いのですが、本当にウジが湧いていたのか？

ウジも、例えば我々が普段食べている保存食・漬物でさえもウジがわく事が有る。二千年前の保存食なら虫も湧くし体にも付く。

又、ウジに関して、最先端の医学と言えばウジで治す治療法だ。

病気で手足が腐敗した場合、西洋医学は手足を切断する以外に治療法は無い。「命を取るか手足を取るか」と患者さんに聞いて、手足を切断している。しかし医学の進歩は手足を切断しない最新の治療法が見つかった。それはウジに腐敗した所を食べてもらって切断せずに完治する方法だ。何千年前からやっている原始人からヒントを得たものだ。つまりイザナギ王は汚い所ではなくウジに腐敗した所を食べてもらい完治する、素晴らしい病院を見学したのだ。ただ言葉が通じなかっただけである。

天照大神《あまてらすおおみかみ》とスサノオの命の父・イザナギ王が根の国から帰って来たもう一つの理由が「戸食いをした」からだ。「根の国の人は火を入れて物を食べていた」と言う我々にすれば当たり前の事で、イザナギ王が逃げて帰ってきた。逆を言えば出雲人は火を入れて物を食べない、つまり、顔や体に入れ墨をして海獣を生で血が出たまま食べる、気味の悪い驚くべき生活をしていたのだ。今でもそれぞれに国の生活習慣の違いには驚く事が多々有る。

初代のスサノオの命が母の国を思い、髭が胸に伸びるまでぼうぼうと伸ばしていた、と神話に有りますが原住民が髪を伸ばすだけ伸ばし不潔にしている格好を真似たのだ。

とにかく原住民に慣れていた大国主でさえも驚くほどの髪の汚さに、新妻の須勢理姫に椋《むく》の実と赤土を持って来てもらって、大国主はその椋《むく》の実を食い破り、赤土を口に含んで唾液と共に吐き出して頭を綺麗にした。椋《むく》の実と唾液は虫に食われた皮膚の炎症を治します。因幡《いなば》の白兎で述べたように大国主は医者でもあります。

須佐之男王《すさのお》はムカデを退治して吐き出しているのだと思っていると、頭が気持ちよくなって、殺すには惜しい愛しい奴だと思いウトウトと眠ってしまった。

そこで、大国主の夫婦は王の髪の毛を家の垂木に縛り付けて、大きな重い石を戸口に塞いで、根の国の軍隊を持ち出して逃げた。

なぜ、根の国の軍隊を大国主夫妻は盗んで持ち出したのか。他でもない、ボンボンの王子等が出雲の軍隊を連れて根の国の入り口に来て大国主を要求しているからだった。

外の騒がしい馬の悲鳴に王は目が覚めたが体が動かない。王の髪の毛が部屋に縛り付けられていたからだ。王は怪力で部屋を引き倒すも、縛り付けてあった髪の毛を解いている間に大国主夫妻は逃げて行ってしまった。それでも王は国境まで追って言って、遥か遠くに言ってしまった大国主に呼び掛けて「汝《なんじ》が持つ軍隊でもって汝の兄弟の王子達を、坂の裾野《すその》で追い立てて、川の瀬《せ》で追い払えば、お前は必ず大物の王と成るだろう。そして出雲の島と根の国の王と成って我が娘・須勢理姫を妻として、宇迦野山《うがのやま》の麓《ふもと》に磐石《ばんじゃく》な王国を作れば、大八島に号令する気高い王国ができることだろう。この死にぞこないの憂い奴め」と言った。

ここに、根の国の軍隊と出雲の国とが戦う歴史的な一戦が始まった。出雲の国は海軍も有るが、本来は海を渡り歩く商人である。

一方、根の国は国境では何時も戦いをしている百戦錬磨の強者である。そうでなくても、根の国と出雲の国が陸でつながった今では、戦えば赤子の手をひねる様に結果は明らかであった。

大国主夫妻は指揮をしながら最前線を見ると、軍の中でもハイカラな赤い胴着を付けた一隊の強き事、強き事。その赤い連隊はボンボンの王子達を、それこそ瞬く間に山の麓《ふもと》に追い立てて川の瀬《せ》で追い払い、出雲の国・全土を駆《か》け抜けて行った。

出雲軍は追われて、ただオロオロと逃げ惑うだけであった。須勢理姫「見てごらんなさい、あの赤い連隊の凄まじい勢いを。まるで母の懐《ふところ》に帰りたい子供の様な一心不乱な猛烈な勢いを」と言った。その赤い連隊は出雲全土をアッと言う間に征服して大国主夫妻の所に怒涛《どとう》のごとく凱旋《がいせん》して帰って来た。

本当に強いと満足の笑みを浮かべた須勢理姫《すぜりひめ》は「実を言うと、王子達の軍と戦えと入れ知恵をして、須佐之男王に逆って軍を起こしたのは赤連隊の将軍・赤鼻《あかはな》が仕出かした事なの。私はただ決断しただけ」と、赤い連隊に向かって大きな声で「赤鼻《あかはな》、赤鼻《あかはな》、大国主命様に御挨拶《ごあいさつ》しなさい」と言った。

ここに猛なる将軍・赤鼻《あかはな》が大国主に進み出て「我々の先祖は、出雲の国より偉大なる大王・スサノオと共に根の国に来て、この王国を造りし者なり。出雲の国ではスサノオの命の家来として、また罪を犯した悪人としてスサノオの命と共に出雲から追い払われ、根の国では八俣の大蛇を退治して、堤を築いて、国を治め、偉大なる大王スサノオが母に会い『我が心、安くなった』と言われた時は、大王と一緒にオイオイと泣き叫んだと言う悪ガキ達の末裔《まつえい》が我々である。我が隊は何処にも負けぬ強者である。我々の先祖は、ここに日の本の国を求めて来たと言う。我々は太陽の民・日の本の民だ。そして日の本の国を作らんとする。

しかるに出雲人は蛮人に魂を売った悪人だと我々を言う。又、根の国の原住民からは卑人の子孫だと百年以上経つ今でも差別される。さればこそ、貴方様が王子達に差別されて酷《ひど》い目に有っていると聞くにつけて、一目会って頂きたいと願っていました。今、貴方様が追われて根の国に来て王と成らんとしている。それも偉大なる大王スサノオが八俣の大蛇を退治した時の櫛名田姫《くしなだひめ》の子孫と言う。これぞ我が求めた日の本の王ぞ。我々はこの大地が涙で溢《あふ》れんほどに泣いて、貴方様の出現を喜びました。この太陽の民の精鋭部隊《せいえいぶたい》は、貴方様に命を捧げます。火の中、水の中、何処までも突き進んで行きます。思う存分お使い下さい」と言った。

大国主《おおくにぬし》は兄弟たちを始め何度も殺されかけたが、涙を流して泣いた事は無かった。しかし、将軍の手を握り締め大国主の目には涙があふれ出ていた。これを見た数百の強者達もオイオイと泣き始めた。

これを見ていた須勢理姫《すぜりひめ》が笑いながら「赤鼻《あかはな》も馬鹿な事を言っている。差別なんて有る訳ないでしょう。でも赤鼻の言う通り、我ながら良い旦那を持ったと思うわ。大陸に渡ってしまった兄に代わって我が旦那・大国主に根の国の、否、出雲の島も一緒に成ったからこれかは島根の国と呼びましょう。島根の国の王と成っていただいて日の本の国を築いて行きましょう」と言った。

　出雲の民衆もボンボンの王子のしつこさにはウンザリしていた。須勢理姫配下の軍が大国主を押し立てて出雲の宮殿にやって来た時には、その回りに無数の出雲の民衆が取り囲み、口々に「大国主王万歳」と叫び大国主王の誕生を心より喜んだ。出雲の人と島根の人はドラを鳴らし、銅鐸《どうたく》を鳴らし、その歓呼は国中に響き野を山を轟《とどろ》かせて行った。根の国は出雲の島を合わせて文字通り、島根の国となった。

　須勢理姫《すぜりひめ》は広い大草原と山々を大国主に見せた。二人は馬で大草原を駆けまわり根の国の素晴らしい大自然を見た。大国主は広い大海原を須勢理姫に見せた。船に乗り、亀に乗り、島や海を海中を見た。海亀は海上の馬である。大海原の海は色とりどりの珊瑚や魚で、この世とは思われない美の宝庫である。須勢理姫は海洋人が、なぜ海でこの様に生き生きとしているのかを知った。二人は船に乗り亀に乗り、泳ぎ回り愛し合った。須勢理姫は大国主を助けて、愛して、征服したと思った。大国主も須勢理姫を愛して征服したと思った。しかし、いくら愛して征服したと思っても互い別人で他人であった。否、お互いに愛していたからこそ、最後の「国譲り」と言う大事変が起こって行くのであった。

前回の話し・因幡の白兎、の世にもマレなる美人・八上姫《やがみひめ》について。八上姫《やがみひめ》は婚約の約束どおり大国主が無事に因幡に戻ると、喜んで寝室を与えて結ばれた。そして大国主は八上姫《やがみひめ》を連れて出雲に来たが、八上姫は正妻であり島根の国の女王である須勢理姫をはばかった。大国主は須勢理姫の軍隊を借りて島根国を作ったのだ。北条政子の軍隊を借りて鎌倉幕府を作った源頼朝が妻・政子にはばかり、愛人を作るにも戦々恐々《せんせんきょうきょう》とし、弟・義経をも殺したように。大国主も命の恩人でも有る須勢理姫に逆らう事はできない。

・・・八上姫《やがみひめ》は根の国にいたたまれず、自分の生んだ子を木の俣に挟んで因幡に帰って行ってしまった・・とある。

八上姫は、島根の国でイジメを受け追い返されてしまった。昔から美人《びじん》は薄命《はくめい》と言う。須勢理姫は強かった。

少名彦《すくなひこ》

少名彦《すくなひこ》は大国主王《おおくにぬし》が出雲の美保《みほ》の港にお出でになった時、会った人物とされている。そして大国主王と共に国造りをした人として、少名彦を祭ってある神社は少なくない。美保の港とは出雲大社が表玄関とすれば美保の港は裏玄関である。東京の新宿がしかり大阪の難波がしかり、表玄関の霞ヶ関や梅田は、かしこまった所であるが、裏玄関はそのかしこまった仮面をなぐり捨てて、おもいっきりにハシャグ所である。高貴も卑しくも無礼講《ぶれいこう》と成して飲んで踊って遊ぶ所である。その様な所だからこそ、王となった大国主と卑しいけれども頭領の血を引いた海賊の親分・少名彦との出会いが出来たのだった。

大国主《おおくにぬし》が美保の港祭りに来ていると豪華に組み立てたきらびやかな多数の船が港に上がって来た。その中から背が小さく、しかも猫背で動物の皮をそのまま剥いで着て、まるでサルの様な体だが、顔には四方を威圧するランランとした目を持った親分と思しき人物が現れた。大国主《おおくにぬし》に進み出て「大国主王様がおいでになっていると聞いて参上致しました。我らが剣の舞をご覧あれ」と言うと、皆、一斉に剣の舞を踊りだした。船もきらびやかで豪華だが、その舞いも豪華で見事な事。美保の民衆も驚嘆《きょうたん》して見入った。舞いが終り、どちらのお方か尋ねるも「名を名乗る程の者ではない」と言って、その見事な軍団を連ねて海の彼方に行ってしまった。ひとかどの有名な人物だからきっと従者が知っているだろうと聞くが誰も知らない。

民衆の中に、たぶん山田の案山子《かかし》が知っているだろう、と言う者がいたのですぐに山田の案山子を呼んで尋ねてみると「平民の頭領・高御産《たかみむすび》の御子の少名彦です」と答えた。

そこで頭領の所に行き、話をすると頭領は「それは確かに私の子だ。幼い頃、王子達と喧嘩をして、よほど腹にすえかねる事をされたのでしょう『王よりも頭領・高御産《たかみむすび》の方が偉いんだ』と言ってしまったから、王子達にこっぴどい目に合わされました。仕方がない、幼い子供同士の喧嘩ですが王子に『海の果てにその子を捨てて参ります』と申し上げて命だけは助けた子だ。

しかし今は、海の果てで相当な勢力を誇るまでになったと聞いている。王子達が居なくなり、貴方様が出雲の王になったので大手を振って帰って来たのでしょう。貴方様と一緒になって国を作りなさると良い」と言った。

大国主《おおくにぬし》と少名彦が結び付いた政治的背景を書いておこう。王の一族も、しつこいボンボンの王子を出したように、年代を経ると頭領《とうりょう》・高御産《たかみむすび》の組織も硬直して役に立たなくなっていた。また出雲の海軍は根の国の軍に破れて有名無実となっていた。

卑しい海賊の親分ではあるが少名彦はその自分の組織を使い、これから先に縦横無尽の活躍をして大国主の海洋王国作りに貢献していくのだった。丁度、イギリスのエリザベス女王が海賊を使ってスペインの無敵艦隊を破って世界一の海洋王国を作った様に。

山田の案山子《カカシ》の事も書いておこう。童謡に

山田の中の一本足のかかし
天気のよいのにみの笠着けて
朝から晩までただ立ちどおし

歩けないのか山田のかかし

山田の中の一本足のかかし
弓矢でおどして力んで居れど
山では鳥がかあかあと笑う
耳が無いのか山田のかかし

とあるように、田んぼで稲穂《いなほ》を守っているカカシである。

後に大国主に「稲穂《いなほ》を横取りしようとする者があれば、これを防ぐものである」と言ったカカシである。

山田の案山子《かかし》は神話だけでなく童謡にも歌われて人々にしたしまれた人物である。

案山子《かかし》は本来の頭領だったが、足をサメに食われて頭領の座を外れた。

しかし全国にある案山子の情報網は実の頭領・高御産の組織よりも優れていた。だから足は歩けないが天下の事は全て知っている影の頭領だと言われていた。

案山子《かかし》は言った。「私が出雲を指揮していたときは、皆が従っていたと思っていた。しかし皆、私ではなく権力に保身の為について来ただけだった。私も権力と保身の為に指揮をしていただけだった。それが、足が無くなって本当の事が分かった、皆、本当に従ってくれる様になった」と。

案山子も役に立たなくなってきた頭領・高御産の硬直した組織に代わって、少名彦《すくなひこ》と共に縦横無尽の活躍をして大国主の国作りに貢献して行くのだった。

吉備国よりの連想

現在の岡山・広島にある瀬戸に広がる大地には原住民は、それぞれが争い合い、多くの国に分かれていた。

しかし原住民にとっては、根の国と言う鉄器を使う、えたいの知れない不気味な新しい文明国の出現に危機感を持った。そして原住民の中に竜王と言う傑出した人物の登場により、瀬戸は吉国《よいくに》の竜王《りゅうおう》によって統一されていた。竜王《りゅうおう》の重厚な人柄と神出鬼没《しんしゅつきぼつ》の、その戦いぶりの強き事強き事。燐国・吉国《よいくに》は勇猛果敢で、鉄器文明を持つ根の国でさえも対等に渡り合い、時には根の国を打ち負かす事が多々有った。そもそも、船通山《ふなどおりやま》は根の国を作ったスサノオノミコトが出雲から根の国に降り立った聖地である。その聖地・船通山《ふなどおりやま》でさえ、吉国に奪われてからは根の国は二度と取り戻す事が出来なかった。

それほどの強国、吉国《よいくに》の王・竜王《りゅうおう》が再起不能《さいきふのう》の重病《じゅうびょう》にかかった。

重病《じゅうびょう》の話は、確かな情報として山田の案山子《かかし》から大国主の元に伝わって来た。それを聞いた大国主は隣国の竜王の元に「わが国には、あなたの国に無い優れた医術と薬が有ります。是非おためし有るように」と使いを送った。大国主が何度もボンボンの兄弟に殺されて生き返った優れた東洋の医術だ。

大国主を敵視して嫌っていた吉国《よいくに》の竜王《りゅうおう》も重病《じゅうびょう》で気が弱くなったのか、溺《おぼ》れてワラにもすがる気持ちで大国主の申し入れを受け入れた。

しかし長い間の敵国である根の国に、より警戒心は高まり吉国《よしくに》の軍隊は島根の国の国境沿いに満を期して何千という兵が整列した。

この当時、千を超す兵といえば大八島の全ての兵に匹敵する物凄い数の兵である。

はるか彼方に日本海を望む峠に、何千という強者が持つ林のような槍の上から、真っ赤な太陽が徐々に日本海に沈まんとしたその時、峠の山道に従者を伴って数人の医者が現れた。

その人達が近づくにつれて吉国軍《よいくに》の将軍は驚きの声を上げた。医者を護衛する軍人は一人も居ず、しかも医者の中にニコニコと将軍に挨拶をした男は、ナント！　大国主王では有りませんか。

思わず吉国《よいくに》の将軍は馬から降りて、大国主《おおくにぬし》に深々と頭を下げた。

読者は大国主《おおくにぬし》が医者でもある事を覚えているでしょうか。医者だから因幡で女性を介抱できたのです。

大国主は吉国《よいくに》の王宮に入って行き、病床に寝ている竜王と対面した。

この世の人とは思われない龍が君臨している如く素晴らしく雄々しかった竜王《りゅうおう》が青ざめて痩せて頼りなげに横たわっていた。

その竜王《りゅうおう》も大国主を見てびっくりした。

重体で体も口も効かない状態なのに、必死になってナントか大国主に手を伸ばそうとして「よろしく」と言う、うめき声を上げた。

こうして竜王《りゅうおう》の治療は始まったが、治療は延々と半年近くに及ぶ事になるのだった。

二千年前の治療は原始的な、でたらめな治療、否、治療ではない。

マジナイではないかと思われるかもしれない。主人公・大国主の名誉の為に、二千年前の東洋医学の優れた事を書いておこう。

現代の最先端《さいせんたん》の医学《いがく》を研究している米国の有名な西洋医学《せいよういがく》の博士が、三千年の東洋医学《とうよういがく》を悪く言う文章をみて「私は思わず苦笑してしまうことがある。西欧社会を基準にすれば非伝統的《ひでんとうてき》かもしれないが、実は東洋医学《とうよういがく》以上に伝統的《でんとうてき》な治療法は他に考えられないからだ。

(中略)東洋医学《とうよういがく》はその格調《かくちょう》の高さにおいて西洋医学を補完《ほかん》する力が有るように思える」と述べて、具体的に「血管の脈を診断する脈診では東洋医学と西洋医学ではモナリザと新聞漫画ほどの違いがある」と逆に西洋医学をまるで新聞漫画だと批判して、東洋医学をモナリザの絵画と賞賛しています。しかも、その賞賛された東洋医学は三千年前の理論が今現在、最高の理論として存続しています。

ですから、二千年前の大国主の医療はでたらめなものではなく、現代の医学にもつうじる立派な医療だと言う事を弁護しておきます。

こうして竜王《りゅうおう》の治療は始まったが、いかに敵国の王と言おうとも、否、敵国の王だからこそ竜王が死んだら必ず殺される。しかるに何ゆえに殺されに飛び込んで行ったのか。

兄弟王子達に何度も殺された経験からか、本来、死んでいるはずの命を助けて貰ったから人を助けたいと思ったのか、医師としての使命か。とにかく大国主は竜王の為に何日も何日も一睡もせずに死に物狂いで看病《かんびょう》をした。

何日も何日も看病《かんびょう》して髭をぼうぼうに伸ばし疲れ果てた顔をして、大国主は少名彦《すくなひこ》を呼んで言った「竜王《りゅうおう》の様態は思ったより悪い。この病気を治すには中国にある『芍薬《しゃくやく》』と言う薬が欲しい。

王の様態はここ二週間がヤマである。一か月では確実に手遅れである。芍薬《しゃくやく》を何とか二週間以内に中国から持って来て欲しい。無理は承知だが」。

少名彦《すくなひこ》「韓《かん》の国へ行くだけで三週間かかる。往復で一か月半かかる。中国は何か月もかかるから確実に無理だ。だが韓国の帯方郡《たいほうぐん》は漢の支配地であったから一通りの薬はそろっているだろう。もし帯方郡に薬が無かったらあきらめてくれ。全ての港が夜間灯火をしてくれれば夜間航行ができる。昼夜、ぶっとうし漕ぎ続ければ、ひょっとしたら二〜三週間で薬を持って来られるかも知れん。とにかくやってみよう」と、いつものようにランランとした視線を大国主に向けて言った。

そして少名彦は高台に上がり、夜間灯火《やかんとうか》と薬《くすり》の、のろし、を本州、四国、九州、韓の国に、無数にある海洋人の港に向かって上げて、芍薬《しゃくやく》の薬を求めて出港した。

大国主は夕暮れが迫る吉国の山上に立ち、少名彦の船を見送って瀬戸内海を見た。兄弟の王子達に命を狙われ、死ぬ定めから逆に力強い生命の息吹を感じたのも、この全ての生きとし生ける物を超越《ちょうえつ》した美しい瀬戸内海であった。いつ殺されるか分からない、明日も知れぬ大国主は、山上に吹き上げる雄大な瀬戸内海の風に触れて、生死を越えてこの美しい自然の中に存在している事に感謝した。

小さくなって消えて行く少名彦の船に暗闇《くらやみ》が迫っていた。いくら美しい大自然でも夜になれば真っ暗である。

人々が恐れる魔物《まもの》か鬼《おに》しか住めない暗黒《あんこく》の世界である。しかし、この暗黒《あんこく》の世界が大国主と少名彦によって変わろうとしていた。

少名彦の船が消えて行った暗い海にポッと光が現れた。一つ二つ、そして何百何千と海洋人の灯火が点き始めた。瀬戸内海に浮かぶ灯火の美しい事、美しい事。まさに生命を超越《ちょうえつ》した美しさであった。

大国主は茫然と立ちすくんで言った「人々が恐れる魔物か鬼しか住めない暗黒の世界が、海洋人の灯火によってこんなにも美しく変わってしまう事よ。その海洋人とは中国から倭人と蔑まれ、この国の人からは卑人と蔑まれる、わが出雲人である。出雲人に栄光あれ」。

それから十日目、ドラがガンガンと鳴った。遥か彼方に出雲人の船が現れた。少名彦の船であった。

三ヶ月や三週間ではない、十日で薬を持ち帰って来たのだ。人々は港に駆け付けた。船から少名彦が降りて来た。もともと少名彦は猫背でサルに似ている。船から降りた少名彦の髭だらけの真っ黒な顔はサルその物だった。そのサルが疲れ果て、いつものランランたる目の輝きは無くフラフラとよろけて大国主にしがみつき「間違いなく芍薬《しゃくやく》の薬をお届けしましたぜ」と。

大国主《おおくにぬし》も看病で寝ずに髭ぼうぼうだった。

じっと抱き締めたままの髭ぼうぼうのこの二人の人間愛、人類愛に港に集まった人々は思わず、ひざまずきオイオイと感激《かんげき》してむせび泣いた。

吉国《よいくに》の寝たままの重病人・竜王《りゅうおう》は大国主の看病《かんびょう》で半年後には起き上がって病気は完全に治ってしまった。

竜王《りゅうおう》が生涯最も嫌悪感を抱きつづけた大国主が、夜も寝ずに看病《かんびょう》して死地からよみがえったのだ。大国主を見る目は、その感激《かんげき》はいかほどであったろうか。

竜王《りゅうおう》「私は多くの国を支配して、その国は吉国と称しています。今より以降は、貴方様の島根の国に仕える備国《そなえるくに》として島根の国を守り、この世が終わるまで終生、貴方様をお守りお使い申し上げます」と言うと、それに答えて大国主は「それは大変有り難い事ですが、吉国は大変良い名前です。そのままお名乗り下さい。気持ちだけで結構です」と言ったが、竜王《りゅうおう》は備国《そなえるくに》とする事を譲らなかった。

それを見ていた少名彦が「吉国と備国を合わせて音読みすればキビと読みます。それで合わせて吉備国とすればよいではありませんか」と口をはさむと、「キビ、キビ、吉備国、何という美しい響きだ」と竜王《りゅうおう》は喜びの声を上げた。竜王の息のかかった国も、大国主に従った。「周防《しゅうぼう》」「安芸《あき》」、そして美しい稲穂で輝くお米を作ると言う意味の「美作《びさく》」

「播磨《はりま》」の瀬戸の国々である。

神話からの連想は、神話に原話があって、それからの連想したものです。ですから、こんな歴史的な事実も有るだろうと思いながら書いています。しかし、この周防、安芸、美作、播磨、吉備国の連想だけは原話は全く無く、空想だけの作り話です。ちなみに大国主に出雲の海洋人を、中国人に倭人と蔑まれ、この国の人からは卑人と蔑まれ、と言わせましたが、卑人とは中国の魏志倭人伝に出て来る卑弥呼を初め卑名守や卑狗裏などの多くの卑の字からの連想です。

そして吉国の王の名前は岡山県に竜王山《りゅうおう》が有ったので適当に、竜王《りゅうおう》と名づけました。ですから竜王《りゅうおう》は史実の竜王山《りゅうおう》とは別です。

同様に大国主が少名彦に頼む薬は「立てば芍薬《しゃくやく》、座れば牡丹」から適当に芍薬《しゃくやく》としました。しかし漢方の薬草を調べて見ると、芍薬《しゃくやく》の所に「古名はエビス薬と呼ばれた外国から来た薬」と有りました。

エビスとは大国主の代名詞です。エビス薬と聞いて、下手な連想から古代が迫って来ました。

少名彦の死と三輪の大物主王

神話に言う・・・大国主と少名彦の二人は心と力を合わせて多くの　鋤や鍬を作って荒れ地を田畑にかえ、日本の国中を豊かな国にした。又、人民と家畜の為に病気治療の方法を、鳥獣や昆虫の害を除く為にまじないの方法を教え広めて国作りをした。このため、百の民は今に至るまで、その恵みを受けて、二人を尊んでいる・・・と。

又、神話に言う・・・このように国作りのため二人は連れ立って国中を歩いていると、退屈になった少名彦が大国主に「ただ歩いているだけではつまらない。何か面白いことしないかい」と言うと、大国主はニコニコしながら「ああ、いいとも。だけど何をするね」と問うと、少名彦はしばらく考えて「重たい荷物を持って歩くのと、便をせずに我慢して歩くのとどちらが楽だろうか」と尋ねた。大国主は笑って「それは重たい物を持つよりも便を我慢するほうが楽だろう」と答えた。それでは「二人で賭をしよう」と言って少名彦は持っていた袋に土を詰めて、体重の何倍もの重さにしてその袋をエイと言って肩に担いで「わたしはこの袋をどこまでも担いでいく。その間、そちらは便をこらえて歩いてくれ。どちらが先に降参するか競争して見よう」と言った。大国主は「よしよし」おもしろい奴だ、と笑いながらついて行った。

ちっぽけなくせに強情だな、どうせい一町も行ったら疲れて降参するだろうと思って便を我慢してついて行くと、少名彦は一町が十町になり十町が一里になっても、何時までも平気な顔をして重たい袋をかついで、ドンドン先を歩いて行った。

播磨の国の神崎という所に来ると、我慢に我慢を重ねていた大国主はもう耐えられなくなって「もうだめだ、賭は負けた」と便をすると、耐えられなくなっていた少名彦も「勝った」と袋の土を岡の上に開けた。この岡は埴岡と呼ばれ、糞便のハジけた所をハジ村と言う・・・と。

何をやっているのだ！　二人は本当に神様かと思う。しかし神様と言うのは後からの話で、もともとは我々と同じ人間なのだと思わず微笑んでしまう。その昔々は神も人なり、人も神なり。

ここに出て来る播磨は今の兵庫県です。播磨とは、種を播いて、できた稲を磨《す》り、輝くお米にする事です。

播磨・兵庫県と岡山県の間に古代には、美作、と言う国があった。美作とは播磨と同様に、美しい稲穂で輝くお米を作る事です。

周防・安芸・吉備、つまり山口県・広島県・岡山県から兵庫県にまで農耕文明の大国主と少名彦の徳と名声は及んだ事を意味します。

又、神話に、この二人は四国の温泉にお入りになってその効き目をお試しになって温泉療法を人々に広めた、と有る。

二人の徳と名声による農耕文明は四国にまで達した事を意味する。

日本国中に太陽が輝くばかりに名声を高めた二人だった。だが、まばゆいほどに輝く太陽も沈んで行くものである。除々に日は傾いていた。

ある日、少名彦が大国主に「ボンボンの王子と喧嘩して親に勘当され、地の果てに捨てられたのだが、その時、育ててくれた人達が今、戦争に巻き込まれて窮地《きゅうち》に陥《おちい》っている。どうしても助けに行かねばならぬ」と言って出て行った。しかし、少名彦はそれっきり帰らぬ人になってしまった。

大国主がひどく悲しみ打ちひしがれ「私一人で、こんなに大きくなった国を、どの様に治めていったら良いのだろうか。今後はだれと一緒にこの国を上手に治めていたら良いのだろうか」と周りにつぶやいていた。すると山田のカカシが進み出て言った「昔からの習いだが、人には嫉みと言うものが有ります。少名彦にも何十人と兄弟がいる。いわゆる頭領の跡継ぎです。

兄弟にとっては少名彦が尊敬されればされるほど、有名になればなるほど邪魔になります。貴方様が兄弟に嫉まれたと同様に、少名彦も嫉まれて殺されたのですわ。実を言うと、根の国の兄弟国である新羅に新しい動きが有ります。朝鮮・新羅に居る須勢理姫の兄・三輪《みわ》の大物主《おおものぬし》が動きだす気配が有る。人には裏と言う汚い世界が有ります。旦那様も気をつけて下さいよ」と忠告した。

それからしばらくすると海上を照らして寄って来る王が有った。

他でもない須勢理姫の兄・三輪《みわ》の大物主《おおものぬし》であった。

須勢理姫の兄がどの様な背景で新羅からの日本に戻って来たのか知らない。ただ、須勢理姫の兄でなくても、誰でも老いたら故郷に戻りたいのは当然である。又、根の国と先祖を同じくする新羅も同国であった根の国が急に十倍程も大きくなれば大変深い関心を持つ。誰か人を送りたいと思う。ましてや大国主の義理の兄が新羅に居るとなればなおさらである。そして山田のカカシが言うように人にはドロドロとした感情もあり陰謀もある。とにかく、その後、歴史的な大事変、国譲り、に発展する須勢理姫の兄・三輪《みわ》の大物主《おおものぬし》が日本に帰って来ようとしていた。

太陽が沈んで行き、暗くなった西の海に小さな光が現れた。その光は次第に大きくなり、暗い海を真っ赤に染め出した。大島根の国は大騒ぎとなりドラを打ち鳴らした。不思議な無数の真っ赤な光から出雲と同族のドラの音が聞えて来た。船の灯火とドラの音で敵ではない事に人々は安堵した。他ならぬ、須勢理姫の兄が無数の船を従えて島根の国にやって来たのだった。無数も無数、朝鮮・新羅からの民族の大移動であった。後にヤマト(奈良県)の住民の八割以上が渡来人だと言われるほどの物凄い数の民族の大移動であった。

物凄い数の船が島根の国に横づけにされ、須勢理姫の兄・三輪《みわ》の大物主《おおものぬし》が現れた。

大国主のように温厚で人徳のある包容力こそないが、巌石も砕く体と物をも恐れぬ精神力で偉大なる大王・スサノオの命の再来と言われる三輪の大物主である。そう、スサノオの命は出雲の島より夢を求めて根の国に来た。それと同様に根の国より夢を求めて大陸に渡ったのが三輪《みわ》の大物主《おおものぬし》である。人々は大国主と、別の意味で三輪《みわ》の大物主《おおものぬし》に尊敬を抱いていた。巨人・大物主《おおものぬし》と大国主がここに歴史的に対面する時がやって来たのだった。

老いたとはいえスサノオの命の再来と言われる三輪《みわ》の大物主《おおものぬし》は威厳を以って大国主に言った。「我々を丁重に迎えてくれれば、あなたと共に国土作りをしましょう。もしそうしなかったら、この国は治まっていかないだろう」。

大国主「一緒に国を治める人を探していました。是非もありません」と礼を以って迎えた。

大物主の帰環で大島根の国は上へ下への歓迎一色となり、大々的な祝宴が催された。ほろ酔い加減になった大物主《おおものぬし》は大国主に語りかけた「素晴らしい、本当に素晴らしい。根の国がこんなに良くなるとは思わなかった。人々は私を偉大なる大王・スサノオの命の再来と言うが、私は、そんな者ではなかった。

根の国と燐国との争い、又、根の国と出雲の国の覇権争いに嫌気がさしたのだ。それで夢と理想を持って大陸に渡った。しかし、ただ夢を追っただけの半生だった。貴方にはとてもかなわない」。

大国主が「そんな事はありません」と否定すると大物主は続けた。「大陸では理想は実現できなかったが、その代わり私は新しい理想を待って、この国にやって来た。それはこの大八島を統一する事だ」。大国主「それは素晴らしい理想です」と口をはさむと、大物主は「私は宗主国である海に住む卑人・出雲人に注目している。

貴方も私もこの世を作りし我らがスサノオの命も元は卑人である。私は最後には卑人達と一緒に生活をした。他でもない卑人と協力すれば大八島を統一できると確信を持ったからだ。統一のためには先ず山戸《ヤマト》攻略だ」と言った。

この当時、西日本は川に鮭など魚がさかのぼる事のないは何の魅力もない不毛地帯であった。だから東日本の蝦夷の狩猟民族に比べ何十分の一程の卑下された民しか住んでいなかった。

つまり、当時の日本と言えば西日本の十何倍の兵力を持つ、脅え死ぬ程までに恐れていた東日本にいる蝦夷の狩猟民族の事を言った。

不毛地帯に住む西日本の人は東日本の蝦夷には口もきけなかった。

だから「大八島を統一する」と大物主が言い出した事は、夢を求めて朝鮮に渡ったと同様に理想なのかはしらないが、とんでもない事を言い出したのである。

この連想と関係あるかどうか、余談になるが朝鮮の神話も出しておこう。

朝鮮の神話に言う・・・・・・新羅《しらぎ》の八代目の王の時、海岸に、延烏郎夫婦が住んでいた。延烏郎が海に行くと魚が現れて、延烏郎を乗せて日本へ行った。日本人達が「これは普通の人ではない」と言い、押し立てて王にした。この頃、新羅《しらぎ》では太陽と月の威光が無くなったので、天文学者に尋ねると、「わが国にいた、太陽と月の生気が日本に行ってしまったのでこの様な異変が生じたのです」と答えた。そこで王は延烏郎を捜して使者を送ったが、延烏郎は「私がここに来たのは天がさせたのです。どうして帰って行けましょうか。しかし、ここに王妃が織った絹があります。これで天神を祭れば元に戻るでしょう」と生絹を与えた。使者が新羅に戻って、その通りに祭司をすると太陽と月は以前のようになった。・・・・・・・・と。

延烏郎と三輪の大物主《おおものぬし》が同一人物ではないにしても新羅から日本へ来て押し立てられて王となった人が居たと書いてある。しかも太陽と月の威光が無くなり生気が日本に行ってしまう程の新羅の民族の大移動を起して。この三輪の大物主《おおものぬし》も朝鮮・新羅より来て日本の王になった一人である。

新羅八代目の王、とあるが大国主命は天照大神とスサノオの命より六世の代である。つまりイザナギ命とイザナミ命の七世の代である。しかも彼等は韓の国を伝わって出雲の島に流れ着いたのである。

時代はそれほど違ってはいない。そして新羅《しらぎ》と根の国は同じ国であった。朝鮮の新羅が同じ国の根の国が急に十倍にも大きくなれば大変深い関心を持つ。民族の大移動も起る。

この民族の大移動の後に女達もやって来た。日本の原住民の女は、むしろサルに似ていた。猫背で毛深い。しかし、やって来た女達の綺麗な事、綺麗な事。北方系の透きとおるような白い美しい肌をしていた。三輪の大物主《おおものぬし》は日本に来たお土産として牡丹と芍薬を持って来た。朝鮮からやって来た綺麗な女性のスーとした背に腰を振るさまに、男達は「立てば芍薬、座れば牡丹」と、ため息を持って迎えた。

その中でも三輪の大物主《おおものぬし》の妃の勢夜陀多良姫《せやだたらひめ》は特別に綺麗で、大国主の王子・事代主《ことしろぬし》の目にとまった。その昔、トイレは川の中に木を渡してあるだけであった。神話には・・勢夜陀多良姫《せやだたらひめ》が用を足しているとき、王子・事代主《ことしろぬし》命はたまらなくなって泳いで行き、丹塗りの矢の如くなって美女の陰部をつついた。勢夜陀多良姫《せやだたらひめ》が驚いて逃げ帰り家に帰ると、雄雄しき男の事代主《ことしろぬし》が持ち構えて来た。そして二人は交合した。

この時に出来た娘が後に神武天皇の妃となる伊須余理姫であった・・と、かなりリアルに性が書かれている。恋は神代の昔からあった。

この不倫の恋愛が神武天皇のヤマト攻略、そして大国主王国の崩壊を起こす、国譲り、の原因と成って行くのである。

神武天皇の山戸《ヤマト》攻略

大国主命の物語として神武天皇のヤマト攻略を連想していきます。

ヤマトは大和と書きますが、国が集まった大和朝廷の当て字ですのでヤマトの字は瀬戸内海の瀬戸から連想し山戸と書いていきます。山戸《ヤマト》攻略は古代の大事変・国譲《くにゆず》りと共に大きな歴史的な出来事です。

後に神武天皇《じんむてんのう》と言われる天皇の祖・彦火火出見《ひこほほでみ》、またの名、倭伊波礼彦には、いろいろな説が有る。例えば、どの時代に、どこから来て山戸《ヤマト》を攻略したのか。三輪の大物主《おおものぬし》と一緒に日本に来たのか、否、大物主が来る前から居たのか。あるいは後から来たのか。又、三輪の大物主に関係している人物なのか、大国主に関係している人物なのか。とにかく彦火火出見は大国主の子・事代主《ことしろぬし》の娘と結婚しているから、大国主命の時代の晩期の人と思われる。又、大国主が山戸《ヤマト》を「美しい垣のような山に囲まれた国」と言っているので、彦火火出見(神武)がヤマトを征服した時には大国主は生存して関わっていたと思われる。

彦火火出見《ひこほほでみ》(神武天皇)の九代の後に初めて天皇の位に即いたと言われる崇神天皇が即位した時、わが国の出身者が日本の王に成ったと、朝鮮・新羅《しらぎ》国の任那が日本に帰属したとの話があるから、朝鮮・任那から来た事になる。この任那が古代において新羅《しらぎ》と日本の対立の原因となり、現在でも歴史解釈の上で争点となっている。

又、初代の天皇・崇神天皇が即位した時、三輪の大物主《おおものぬし》の子孫を、民の中から探し出して三輪山に祭った。その点では神武天皇は新羅から来た三輪の大物主《おおものぬし》の呼びかけに答えてやって来た事と思われる。

神武天皇《じんむてんのう》は彦火火出見《ひこほほでみ》と山戸で名乗っていたのですが、普通は日本では火火出見彦と書きます。彦火火出見の逆の名前からも朝鮮新羅《しらぎ》の任那出身と言う昔からの言い伝えは正しいでしょう。

彦火火出見《ひこほほでみ》(神武天皇)は朝鮮・任那から九州をへて三輪の大物主《おおものぬし》が唱える大八島統一

の呼び掛けに応じてやって来た事になる。

彦火火出見《ひこほほでみ》(神武天皇)が吉備に何年か居て準備しているので、吉備が島根の国の領土となった後に来た事になる。

とにかく彦火火出見《ひこほほでみ》(神武天皇)は、しばらく広島・岡山に居てヤマト攻略の準備をした。

そして、ここに山戸《ヤマト》攻略の許しを得て大国主の子・事代主《ことしろぬし》と対面する時が来た。この時の一族の頭領は五瀬命《いつせのみこと》であった。彦火火出見(神武天皇)は五瀬命の末の弟であった。

五瀬命《いつせのみこと》「我らが王・事代主様にお初にお目にかかります。山戸《ヤマト》攻略の許しが出て、我ら大いに喜んでいます」。

事代主《ことしろぬし》「許しを出した訳ではない。承知していると思うが、山戸《ヤマト》を攻略すれば蝦夷と敵対するかもしれない。十何倍も有る東の大国・蝦夷と敵対する事は出来ない。あくまでもあなたの一族が勝手にやったと言う条件で許すのだ。

もし、失敗したら海賊が山戸を荒らしたとして、逆にあなた方を処罰するが、よいのだな」と言うと、一番末席に居た彦火火出見《ひこほほでみ》が「征服したら我々に山戸を貰《もら》えるのか」

と叫んだ。

五瀬《いっせ》が手を振って彦火火出見をたしなめると、事代主が「山戸《ヤマト》を征服したあかつきには、あなた方、海に住む海洋人に山戸《ヤマト》に住む権利と商売をする権利を与えよう。五瀬《ごせ》は「それで結構でございます。事代主《ことしろぬし》様に我らが実力をみせてあげましょう」と答えて出て行った。

これを奥で聞いていた大国主《おおくにぬし》がワッハハと笑った。事代主《ことしろぬし》が「親父殿は山戸攻略に反対していたのになぜ笑う」と尋ねると大国主「若い者はいいな、うらやましいと思ってな。失敗も恐れず夢に向かって走っていく。知ってのとおり海洋人は我々の母国だ。海洋人は天変が起こり津波でも来れば多くの人が亡くなる。中国の漢人から倭人とさげすまれ、この国の人から卑人とさげすまれ、船の中と港にしか住めない海洋人が冷たい海水ではなく暖かい母なる大地に住むのは昔から悲願で有る」と。

事代主《ことしろぬし》「それではなぜ山戸攻略に反対されていたのですか。奪った征服地を海洋人・卑人に与えてやると言えば、海洋人・卑人の力で蝦夷の力を削ぐ事が出来るのに」と問うと、大国主「蝦夷の力を削ぐ事はできるが、隣国の九州では多くの海洋人が流れ込み現地人と権力を争い大乱となり多くの血が流れる。

だから、むしろ山戸《ヤマト》攻略が失敗して平和を守りたいと思っている。だが、万一成功したら大物主《おおものぬし》の大八島の統一と言う空想も夢だけではないかも知れん。

それより息子よ、あなたが大物主《おおものぬし》の考えと似てきたことが気にかかるぞ。それから、わが同胞が生死を賭けて戦っているのに、密通はよくないぞ、不義はよくないぞ」。

大国主《おおくにぬし》の元にも聞こえて来た大物主の女・勢夜阿多良姫《せやだたらひめ》との密通から、大物主の思想に染まって行く事代主《ことしろぬし》が心配だった。

しかし事代主《ことしろぬし》には父の言葉は聞こえなかった。禁止されればされるほど恋心は燃えるものであった。勢夜阿多良姫《せやだたらひめ》の元に行き彼女を抱き上げる時には、勢夜阿多良姫も不倫に燃え上がり「アー」とそれに答えた。この密通が古代の大事変・国譲りの原因と成っていくのを二人は知らなかった。

神武天皇《じんむてんのう》の山戸《ヤマト》攻略は神話に何月何日と詳しく書いてあります。

神話からの連想は単なる連想だが神話は全て事実である。

「事実は小説よりも希なり」と言いますが、下手な連想よりも真実の方が血沸《ちわ》き肉躍《にくおど》る物語が展開される。

大国主の物語としての連想や解釈は入りますが、中国から倭人と言われた人々が大八島に侵入した唯一無二の正確な記録です。

歴史に興味のない方も日本人なら読むべきだと思う。

読めば分かりますが、これは東京大学の教授であった江上先生の説・騎馬民族の大移動ではなく、男同士の源氏と平家の合戦でもなく、徳川家康の関ヶ原の合戦でもない。

三輪の大物主の呼びかけで日本に来た、女子供を連れたジプシー軍団の民族の移動による戦いである。

東征

春二月十一日

山戸《ヤマト》攻略の許可が下りて、進軍が始まった。

皆、今か今か、とうずうずしてたので威勢よく我先にと漕ぎ出した。

そして速い潮流にも出合ったので、アッという間に着いてしまった。よって、その地を浪速国《なみはやのくに》と名付けた。今、大阪の難波《なにわ》と言うは浪速《なみはや》のなまった言葉です。

四月九日

軍は兵を整えて、歩いて竜田《たった》に向かった、道が狭く険しくて人が並んで行く事が出来なくなって引き返した。

竜田とは今の王寺で、目の前に法隆寺のある所です。竜田が道は狭くて険しい事は知りませんが、その昔の竜田と法隆寺は物凄い沼地で、とても人の行ける所では無かった、との事である。

軍は北に迂回して東の方、生駒山《いこまやま》を越えて山戸《ヤマト》に侵入しようとした。

生駒山はかなり険しい山だが、近鉄奈良線を始め今も大阪・奈良間のメイン通路となっている。昔もメイン通路だったのでしょう。

生駒山を越えて侵入しようとした時に山戸の国の長髄彦《ながすねひこ》が全軍を集めて待ち構えて迎えて撃った。

皇軍が竜田からヤマトに侵入して来た情報はすでに入っていたので万全を期して待っていた。

敵の長髄彦《ながすねひこ》は強かった。勇猛に先頭に立ち皇軍の陣の真っ只中に飛び込み暴れまくる闘魂《とうこん》に、皇軍は狼狽《ろうばい》し苦戦を強いられた。

そもそも皇軍が強いのは、九州への侵攻がしかり、鉄器《てっき》が有るから石器の原住民より強かったのだ。しかし長髄彦《ながすねひこ》は出雲人の櫛玉ニギ速日命《くしたまにぎはやひのみこと》より大量の鉄器《てっき》を手に入れていた。その鉄器《てっき》で五瀬命《いつせのみこと》の軍を押し返して、頭領の五瀬命《いつせのみこと》の肘にも矢が当たった。

五瀬の軍は進むこともできず苦戦したので五瀬命《いつせのみこと》は「自分は日の神の子であるのに、日に向かって戦うのは良くない。それで、いやしい奴の傷を負ったのだ。一度退却しよう。そして、今から回って行って、日を背中にして撃とう。さすれば、敵はきっと破れるだろう」と言って軍に指令を出し退却した。

彼ら、海洋人は九州にも侵入した。それは同じ天皇一族で、九州隼人として伝わる。その地は日を背中にして攻略した。九州の日向である。一族の彦火火出見(神武天皇)の妻も日向より得ている。

石器の九州原住民はいとも簡単に攻略《こうりゃく》できた。彼等はまさか鉄器《てっき》を持つ山戸人に撃退《げきたい》され、攻略に失敗して負けるとは思わなかった。

彼等は、日に逆らって戦い、破れたのではない。鉄器《てっき》に破れたのだ。

退却とは混乱し逃げて行く事である。いや、戦争に負けると言う事は殺されると言う事である。生き残ったとしても敵に生贄《いけにえ》を捧げなくては生き残れない、仲間が殺されると言う犠牲をささげなければ生き残れないのが戦争の非情な掟である。

崩れ行く様は見るも無残で、わめき合い我先にと舟になだれ込んだ。舟にたどり着くや、死に物狂いで漕ぎ出し必死になって生き延びようとした。舟にたどり着けなかった者は「舟は、舟は、舟を戻してくれ」と悲痛な叫びをあげるも、舟に向かって泳ぎ出して溺れる者、弓矢に射殺される者、切り殺される者、血の海となった戦場は再び叫び声の無惨《むざん》な地獄《じごく》と化した。

助かりたくて必死に舟で乗り出した者には、その地獄の絶叫に後ろ髪を引かれて、悲壮感を漂わすのみであった。

戦争の恐ろしさは戦争した者でないと分からない。


五月八日、軍は和泉の海にある山城の港についた。そのころ五瀬命《いつせのみこと》の矢傷がひどく痛んだ。そこで五瀬命は剣を抜き雄たけびして、「残念だ。ますらおが賊に傷付けられて、報いないで死ぬ事は」と言った。

人は、故にそこを雄の港と名付けた。紀の国に着くと五瀬の命は進軍中に亡くなった。よって紀の国に葬った。

六月二十三日、軍は名草村《なくさむら》に着いた。そこで名草戸部《なくさとべ》と言う女賊を討った。
・・・・彼ら敗軍が女族を打ったとは何を意味するのか。
よく神話は、その支配者に都合よく書かれていて、でたらめであると聞く。そんな事はない！　頭領・五瀬命を亡くし、長髄彦に惨めに敗れた敗軍が女賊を襲った事も正確に書かれている。

女賊を討った。つまり五瀬の命という指導力を失った敗軍は暴徒と化し、海賊と化して、男達のいない女子供の村を襲ったのだ。

敗軍は飢えれば食物を強略《ごうりゃく》し獰猛《どうもう》な強欲がむき出しになる。さすれば婦女子が悲鳴を上げ泣き叫ぶ暴行、殺人と欲望の暴兵になる。

だが、女子供を襲った彼等には海賊の屈辱以上の恐怖が待っていた。何故なら、彼等海洋人は鉄器《てっき》など珍しい品物を交換して原住民の港の一部に住まわしてもらっているだけなのだ。

しかし、その海洋人の同志が原住民の女供を襲ったとなると話は別だ。村八分どころではない。彼ら山戸攻略軍には「死の宣告」が下された。港に着けば歓迎し励まし合う海洋人の同志であるはずが、彼等に山戸を襲った海賊を殺す命令「死の宣告」が下されたのだ。

死の宣告とは今で言う懸賞金つきの殺しの命令である。そもそも、新羅等、外国で海

賊の様に隣国と戦争している卑人（海洋人）と大国主の徳の下に居る卑人（海洋人）とは質が違っていた。・・・・・

山戸攻略軍が「死の宣告」を宣告されているのも知らずにが彼等が熊野の神邑《みわのむら》の港に着くと神邑の頭領が彼等に言った。「ここは天地開ビャク以来の神々の祭ってある港だ。拝礼だけでは許すが済んだら速やかに何処かへ立ち去って欲しい」と。

同じ海洋人から励ましの言葉を期待していたのに、彼等には晴天のヘキレキである。即ち、裏切りの反逆の言葉であった。

唖然として立ちすくむ者、血気だって怒り狂い武器を振り上げる者。

五瀬命の次の頭領・稲飯命《いなひのみこと》はこれを抑えて、神邑《みわのむら》の港から出て神の海の磐盾《いわたて》に登った。するとピューと矢が飛んで来るや、ギャーと声を立てて人が何十メートルもの磐盾《いわたて》から落ちて行った。それに続いて何百何千もの矢が飛んで来た。同族・出雲人の「死の宣告」の矢である。

同族の出雲人が内地人に呼応しての海賊退治であった。身内の出雲人に裏切られた稲飯命《いなひのみこと》たちは急いで船に乗り沖に漕ぎ出した。

一瞬何が起こったか分からない、信じられない夢か凄まじい幻想か、否、恐怖の現実なのだ。恐怖と言うよりもっと深刻な絶望に、苦痛と言うよりもっと強烈な衝撃に打ちのめされた。

皆様方は身内の裏切りに会った事が有るだろうか。他人の裏切りなら世間は冷たいで済む。しかし身内の裏切りは精神を破壊し狂わす。

ほとんどの人の精神は狂いだし、少しでも正常な精神を持つ者は遠い故郷を思った。彼等にとっては、夜を照らす灯台でもあり故郷でもある百を越す出雲人の港に寄れない彼等には故郷に帰れるはずもなかった。ただ海で死ぬ以外にない恐怖の現実なのだ。

ただ茫然と海に漕ぎ出た彼等に追い討ちをかけるように風雨が吹き出し暴風がやって来て舟は波にほんろうされた。

海洋人にとって、あれほど好きだった潮騒の音は不気味な暴風雨の音に変わり心を寒がらせた。大海はうねり逆巻き、不気味にのた打ち回り、彼等を飲み込まんとしていた。

ああ！　狂わんかな狂わんかな！　海洋人にとって、海は母体の胎液の如く暖かい住家であった。例え暴風雨になっても「今は少し激しく動いていますが、すぐに静かになるからね」と、母の様に彼等を優しく包んでくれる。その海が風雨を起こして彼等に死ねと鬼の様に叫び出したのだった。ああ！　狂わんかな狂わんかな！

その厳しい風雨の最中、強風以上のけたたましい悲鳴が辺りを突き刺した。男が舟の中で女房子供を殺して、その内臓をえぐり出して天に捧げるが如く振りかざして風雨に打たれてゲラゲラ笑っている姿を稲妻の光が写し出した。

これを見て人々は全ての狂気から一瞬我に返った。頭領・稲飯命《いなひのみこと》は呆然として、彼を殺すように命じた。彼は刺され心臓から血が吹き出しても笑う事を止めなかった。笑いながら海に入水して行った。

死の恐怖から我に返って人々はみな泣いた。なぜなら、日向国から何百キロという長い旅路で彼ほど人の面倒を良く見て「素晴らしい山戸が待っている。がんばろう」と言って励まし慰めてくれた人はいなかったからだ。彼は誰からも好かれ慕われていた。

時に稲飯命《いなひのみこと》、これを嘆いて言った「ああ！わが先祖はこの大地を作りし天神なり、わが母なる先祖は大海原を作りし海神なり。どうして我を陸に苦しめ海に苦しめるのか」と、剣を抜いて我が身を刺して海に入り海を赤く染めた。これを見て稲飯命につづく者も少なくなかった。次の弟、次の頭領は三毛入野命《みけいりのみこと》であった。

彼も「我が母と叔母は二人とも海なる神である。それなのにどうして波を立てて溺れさすのか」と波頭を踏んで常世の国に行った。

常世の国とは、昔より伝わる不老不死の幸福の天国の事である。

暴風雨の海の中に幸福の国など有るはずがない。文字通りの天国・死であった。この死んで行く血の臭いを嗅いでサメも集まって来た。落ちる地獄の下には又、気味悪い恐怖のサメ地獄があった。

ヤマト遠征軍の惨憺《さんたん》たる末路《まつろ》は書くも忍びないほど悲惨であった。

この悲惨な地獄の中で彦火火出見《ひこほほでみ》は独り皇子・手研命と軍を率いて伊勢に進軍して行ったが、彼も死を覚悟していた。「天と地と海よ、叫び狂え。我が海神よ、この悲惨な戦いに力と勇気を。そして願わくば伊勢の海神の地を一目見んことを。もしも命あらば神の島にて死なんことを」と。こうして彼等は熊野の荒坂の津に漂着したが、女としか戦えない飢えた敗軍であった。女達を襲うも敵軍が来ると、たちまち一網打尽《いちもうだじん》となった。言い伝えでは、彦火火出見《ひこほほでみ》達山戸攻略軍の上陸地点は伊勢から和歌山県まで百キロに及ぶ。上陸地点が百キロメートルに及ぶとは、即ち、死を承知で進むもの、生きて帰れぬ故郷でも帰りたいと、昔を思い、引き返すもの、散り散りバラバラとなり、ここに山戸攻略軍は壊滅《かいめつ》し精《せい》も根《こん》も尽き果て陸に打ち上げられて一網打尽《いちもうだじん》になった。

大国主の宮殿では熊野の港より伝令の使者が来て話を始めた。

「山戸を荒らした海賊が熊野に迷い込んで来ましたので捕まえたところ、『我々は大国主の家来で、その命令で来た』と言い出しましたので確認に来ました」と。

事代主《ことしろぬし》「失敗したら死だ、と言う事は約束だ。我々の名前を出すなんて何ていう奴等だ。また女にも手を出したそうではないか。即刻死刑だ。」と言うと、大国主が現れて「女に手を出したのは良くないが、飢えて食物を盗んだと聞く。彼等は義兄・三輪の大物主の指示で動いた元々は外の新羅の海洋人である。仕方が無だろう。しかし海洋人と言う事は私の家来でもある。出雲の頭領・高御産《たかみむすび》は何と」。
事代主《ことしろぬし》「もちろん、高御産《たかみむすび》が死の宣告を出したのです。山戸攻略を許せば、その海賊行為で九州は大混乱におちいると、親父殿はこの戦いに反対していたのに何を今更。まさか彼等を助けるつもりではないでしょうね」と聞くと、大国主「九州が大混乱におちいれば、卑人（海洋人）が弥人（原住民）に呼び掛けて、又、天照大神とスサノオの命が現れた如く、平和、を作りだすだろう。彼等は確かに私の家来だ。とにかく高御産《たかみむすび》の所へ行く」と出て行った。

・・・ここに大国主に「九州が大混乱になれば卑人（海洋人）が弥人（原住民）に呼び掛けて又、平和を作る」と言わしめたが、先に述べた様に朝鮮の神話では、三輪の大物主と思われる人物が新羅《しらぎ》より日本に来たのは一五七年とある。そして一七三年、魏志倭人伝の倭国の女王・卑弥呼が新羅に使者を送って礼訪して来た、とある。

これは三輪の大物主が日本に帰還した十六年後の事である。

即ち卑弥呼は大国主と同じ時代で有ったと連想される。否、三輪の大物主の民族大移動が卑弥呼を誕生させたとも連想させる。

神話は古代の壮大なる歴史ロマンをかき立てる。・・・・・

大国主が出て行くと千里眼の山田の案産子が待っていた。「おお、丁度いい所に来てくれた。もし少名彦が生きていたら、どのようにしただろうか」と大国主が問うと「もちろん彦火火出見《ひこほほでみ》(神武天皇)を助けるわ」と案山子は答えた。大国主「私もそう思う」と足早に高御産《たかみむすび》の所へ向かった。

山戸攻略に反対していた大国主が何故に彦火火出見を助けるのか。判官ビイキ、と言う、人には困っている人を助けたい心が有る。

丁度,少名彦が命を賭けて、困窮した新羅の卑人を助けに行った様に。そして大国主は兄弟に何度も殺されかけたが助けられたのだ。

頭領・高御産《たかみむすび》に会い大国主は言った「彦火火出見《ひこほほでみ》(神武天皇)たちを助けたい。死の宣告を取り消して何とか助けていただけないか」。

これに答えて頭領・高御産《たかみむすび》は言った「死の宣告が下された者を助けるわけにはいかな

い。ご存知のように出雲人・少数民族は原地人を相手に商売をして生活しています。この国の人々を敵に回して生きていくことは出来ません。この国の人の反感を買って関門海峡でも閉鎖されてもごらんなさい。海洋人にとって、関門海峡閉鎖は喉をかき切られたのも同然です」。

大国主「開門海峡は今や島根の国に属しているのも同然である。関門海峡を閉鎖した時は島根の国が関門海峡を奪ってやろう」。

高御産《たかみむすび》「貴方は島根の国の王ではありませんか。しかも大八島の西全体に十倍も大きくなった大島根の国の王ではありませんか。それこそ海洋人にだけコソコソとやらせないで、何故に貴方が堂々と山戸攻略をなさらない。そして堂々と東国・蝦夷と戦争なさらない。それを事代主様でさえも失敗したら彼等を処分すると言っているではありませんか。私たちも彼等は厄介者どころか邪魔で迷惑しています。下手をすれば我が海洋人はのどをカキ切られて全滅してしまいます。それに第一、山戸には我らが櫛玉ニギ速日命《くしたまにぎはやひのみこと》が遣わされ治まっています」。

大国主「確かに頭領の言う事はもっともだ。だが、彦火火出見達をヘビの生殺しにしておく訳にはいかない。男らしく死なせてほしい。できれば武器も送ってほしい」。

高御産《たかみむすび》「失敗した山戸攻略に、なぜ武器が要ります。山戸攻略はもう成功するはずがない。ただ我が王の頼みだ。死の宣告は取り消して解放してあげましょう。我らが海・高海が原を追放することを条件に」。

「武器は要る。また、高海が原を追放されたら仕方がない。我が内地人として迎えよう」と大国主が言うと、高御産《たかぎむすび》「ワッハッハッハ、『陸に上がったカッパだな』。高海が原を追放された者にろくなモンはおらん。それこそ死んだほうが良い。第一みっともない」と腹を抱えて笑った。

大国主「須佐之男命は高海が原を追及されて、この世を作り出し偉大なる大王と成った。私は、死の宣告を受けて、須佐之男命と比べられるこの世を作りし王と成った」と言うと高御産は真っ赤になって気まずい顔で一言も返事しなかった。

大国主が高御産の館を出ると山田の案山子が来て「六代もつずいた指導者達は腐っている。旦那様も気を付けて下さいよ」と言うと、

大国主「いや、高御産の言う事はもっともだ。私が引っ込んで海洋人にコソコソとや

らせたのは悪い。堂々と山戸攻略をして必要ならば、東国・蝦夷と対じしよう。彼等を助ける。武器を送ってほしい。できれば彼等に味方する同志も募ってくれないか」と言うと案山子「武器はそれこそ最高の物を用意しましょう。しかし彼等に味方しろと言っても、高海が原を追放されて死に行く出雲人なぞ有りませんぜ。だが、やってみましょう」と大国主を離れて行った。

宮殿に帰った大国主は動いた。「八たのカラスには連絡がついたか。山戸の人は戦いの前にカラスが群れると不吉として絶対に戦わない。八たのカラスにカラスを群れさせると良い。必ず勝てる。それからトンビも使うと良い。山戸人は逆にトンビが敵方に群がると戦争に負けると言い伝えられている。山戸攻略を成功させよう」。

八たのカラス

出雲からの指令は内地人に知られないように、スパイ・高倉下に伝えられた。この頃、彦火火出見《ひこほほでみ》(神武)は牢に捕らえられ、魂が抜けた様に頼りなげに横たわっていた。そこに出雲から指令が届くと、彦火火出見等を牢より出して、高倉下は「あなた方を極秘に逃がす。港はずれの古小屋に武器が置いてある。しかし我が海洋国・出雲より追放されていて、船は没収してありません。即ち高海が原・海にも港にも戻って来てはいけません。この国の人には貴方達は消えてしまった事とします。これは特別な好意で、我々出雲人は知らぬ事とします」と解き放ちた。

暗い岩牢に閉じ込められていた彦火火出見(神武天皇)は「自分はどうしてこんな所に長く横たわっていたのだろう」と真っ青い顔をして牢からふらふらと外に出た。これに兵率たちも皆従った。

一瞬何の事か分からなかったが外は海の青さに天に抜ける透明に透き通る限りなく広がる青い空にサンサンと照る太陽が目にしみた。

彼等は解放された事自体、何が何だか分からなかったのだ。

スパイ・高倉下に案内されるがまま彼等は古小屋にふらふらと歩いて行った。古小屋を開けて見ると、今までに見た事もないような立派な多量の武器が有った。彦火火出見《ひこほほでみ》(神武天皇)の持つ武器より優れている事はもちろん、長髄彦が出雲人の物部氏より手に入れていた武器よりも、はるかに優れた切れ味を持つ武器であった。優れた切れ味を持つ武器を多量に手に入れた事が彦火火出見(神武天皇)の山戸攻略を可能にした。

彼等は呆然とした。驚いたなんてモノではない。「天は我々を見捨てなかったのだ。これだけの武器があれば山戸を攻略できる。勇気は百倍だ」と歓喜の声を上げた。否、歓喜にむせび泣く者もいた。彼等は、殺される、と殺されるのを待っていたからだ。

「だが一体、海に戻るな、港に来るなとはどういう事だ」と不安そうに一人が言いった。すると「何を言う。この世を作りし大王・スサノオの命も高海が原を追放されたのではないか」「じゃ我々はスサノオの命だな。それではこれから八俣の大蛇退治だな」「この川の上流に八俣の大蛇がいるか。八俣の大蛇ではなく山戸退治だ」と言って皆はワッハッハッハと笑った。

母国の出雲より邪魔者として追放されたことも知らずに彼等は明るかった。出雲人に裏切られて地獄を見た彼等には、開放された今は天国であった。冗談を言いながら熊野川をさかのぼって行った。

だが熊野川と熊野の山は、その急流と山の険しい事はスサノオの命の上がった肥の川と根の国の比ではなかった。行くに行けなく戻るに戻れなく完全に山の中に迷い込んでしまった。

熊野から奈良への山々は、八甲田山、あの日露戦争で何百もの兵が道に迷って死んだ八甲田山よりも高く、八甲田山が一番高いところが１５００ｍであるが、熊野から奈良への山々は１９００ｍもあった。しかも八甲田山が４～５個の山が連になっているのに対して、熊野から奈良への山々はその何倍もの多くの山が連なっている。

険しさは過酷極めて、木々で被われた山は方向も分らなくなった。

山はそびえる如く高く、谷は絶壁の如く深い。登るも降りるも出来ず、山腹にへばり付いて彼等達は疲労困ぱいしていた。

ちょうどこの頃、八たのカラスが熊野に着いた。スパイ高倉下に聞いて彦火火出見《ひこほほでみ》の後を追って熊野川をさかのぼったが、なかなか捜す事ができなかった。八たのカラスは四方の山の中に鳥を放ちて、やっとの事で彦火火出見《ひこほほでみ》(神武天皇)を見つけ出した。

八たカラス「見つかって良かった。迷えばこの山から絶対に出られません。間一髪の所でした。本当に良かった。ところで、なぜ伊勢から山戸に入りません。伊勢から山戸へは道がありますが熊野から山戸へは道など、何処にも有りません」。

これに答えて「舟は没収されてもう無いので伊勢には行けない。それから、もう熊野へ戻るな、との命令なのでもう絶対に戻れん」。

八たのカラス「話は聞いていましたが、そんな状態に成っていたのですか。仕方がない、ここから山戸へ行けないことも無い。獣の通る獣道《けものみち》なら有ります。ただし一度道に迷ってしまえば私も絶対にこの山から出るのは不可能でしょう。太陽と雨が勝負です。幸い今は夏で日が長い。あとは雨だ。強雨に会えばもう無理だ。とにかくやってみましょう。そのためには先ず、足腰の強い人だけが目印を付けながら私の後ろについて来て下さい。うまくいけば3日で山戸に出られるかもしれない」。

八たのカラスは内地人である。しかもスパイとして訓練を受けている。その歩く速さの速き事速き事！ピョンピョン岩山を飛び越えてサルの様に道無き道を越えて行った。軍の中で一番足腰の強い大伴氏の先祖の日臣命《ひのおみのみこと》が、その一族・大東目《おおくめ》を率いて従った。しかし付いて行けず、八たのカラスをよく見失った。八たガラスが「何をしている。早くしろ。日が暮れるぞ」と何度も叱咤《しった》された。この山地では平地は川底だけである。それ以外はすべて何百メートル以上の絶壁である。絶壁より落ちたら死である。十メートルでも落ちたら人は死ぬ。百メートルの高さになったら目がくらみチジミ上がる。千メートル程の高さの絶壁になれば神経を破壊し麻痺させる。彼等はまさに神経を破壊し麻痺させ目がくらむ絶壁の地獄の道をはって行ったのだ。

だが次第に山は低くなり平地が見え出した頃、細い道にぶつかった。八たガラスが言った「この道は間違いない伊勢から山戸に通じる伊勢街道だ」。彼等は宇陀《うだ》の下県の宇賀知村に着いた。大東目《おおくめ》は喜び勇んで後に残した彦火火出見たちにこの事を伝えた。

彦火火出見《ひこほほでみ》(神武)もいたく喜んだ。

すでにある伊勢に通じる伊勢街道を通らずに、熊野から山戸への道なき獣道を通って来たから、長髄彦《ながすねひこ》らヤマト軍に彦火火出見(神武)達が侵入した情報が入らなかったのが幸いした。いや、ヤマト攻略軍は死の宣告を受け壊滅したとの情報が長髄彦《ながすねひこ》達に入っていたのだ。

彼らがヤマトに入ると、さあ、山戸攻略だと勇んだ。

しかし、これを八たガラスがいさめて「吉野川から直接山戸に入ることは危険です。彦火火出見様が伊勢から山戸に入ると思って、宇陀《うだ》の頭である兄猪《えうかし》、弟猪《おうかし》には話が通じています。まず宇陀《うだ》に迂回して下さい」と言うと彦火火出見《ひこほほでみ》もこれに従った。

優れた切れ味を持つ武器を多量に手にしているから、彼らのはやる心は分かるが、最初の軍兵の何分の一にも満たない壊滅した軍である。ヤマトを直ぐに攻撃すれば勇猛な長髄彦のヤマト軍に知られ、すぐに一網打尽となり壊滅されてしまう。八たガラスにはそれは余りにも無謀だと、先ず地盤固めを優先させたのだ。

兄猪《えうかし》と弟猪《おうかし》

八月二日、こうして兄猪《えうかし》と弟猪《おうかし》が呼ばれた。だが兄猪はやって来なかったが弟猪《おうかし》はやって来て彦火火出見に「兄、兄猪は悪い計画を立てています。こっそり兵を隠して、仮に新宮を造り御殿の回りに仕掛けを設けて、おもてなしをすると見せかけて事を起こそうとしています。どうかこの計りごとを知って、良く備えてください」と告げた。彦火火出見《ひこほほでみ》は家来を遣わしてその計画を調べさせた。

調べていくと、はたしてその計画が本当に有ると分かり、大いに怒って「卑怯者、お前が造った部屋に自分で入るが良い」と言って剣を構えて弓をつがえて中へ追い詰めた。兄猪は言い逃れする事もできずに自ら仕掛けた罠に落ちて圧死した。その屍を引き出して切ると流れる血はくるぶしを埋めるほどに真っ赤な血が溢れんほどに流れ出た。それで、そこを名づけて、宇陀《うだ》の血原という。今の宇陀郡室生田口あたりという。

弟猪《おうかし》は沢山の肉と酒を用意して、軍をねぎらいもてなした。彦火火出見は、酒肉を兵士たちに分け与え歌を詠んだ。

宇陀の高城に　鴫をとる　ワナを張り
我が待つと、鴫はかからず　鷲がかかった。
これは大漁だ。
古女房が　獲物をくれと　言ったなら、
ヤセそばの　実のないところ　うんとやれ。
若女房が　獲物をくれと　言ったなら、斉賢木のような
実の　多いところを　うんとやれ。
(宇陀の　高城に　鴫罠張る　我が待つや　鴫は障らず　いすくはし　鯨障る　前妻が
肴乞はさば　たちそばの　実の無けくを　こきしひゑね　後妻が　肴乞はさば　いちさかき　実の多くを　こきだひゑね)

これは彦火火出見《ひこほほでみ》にとって最初の勝利である。皆は武器を鳴らし、銅鐸を、ドラを鳴

らして歓喜の声を上げた。

兄猪を血祭りに上げて、血なまぐさい戦争が始まらんとしていた。多くの日本人が亡くなった太平洋戦争がしかり、戦争に入れば殺すか殺されるか、ただそれのみである。

このヤマト攻略の「紀」「記」の記述には、大国主の事が一切記されていない。だがこの宇陀《うだ》の最古の神社はエビス神社である。エビスとは大国主の代名詞である。八た烏が、まず宇陀《うだ》に連れて行ったのは、宇陀《うだ》に大国主の徳と農耕文明が及んでいたからだろう。

宇陀《うだ》の人は彦火火出見に「その昔ヤマトを追われた人々が、吉野に住んでいます。ヤマトに敵意をもっていますので、あなた様にきっと協力するでしょう」と言った。それにより彦火火出見は軽装の兵をつれて行ってみた。すると奇妙な事に、井戸の中より人が出てきた。その人は尻尾があった。猿の様、いや全く猿に似ていた。が、しかし言葉はしゃべった。

考えてみれば八たカラスも、シッ尾はないが猿に似ている。又、外国の洞窟《どうくつ》の壁画《へきが》に尻尾のある人間が書かれている、人間は元もと尻尾があったのだ。我々の元祖はしっぽのある人間だし、書いてある事は信じるべきである。

我々は元々猿で、ただ進化しただけなのだ。
今でも猿みたいな顔をしている人はいる。
吉野人は彦火火出見《ひこほほでみ》に従い家来となった。

九月五日

彦火火出見(神武)は、宇陀の高倉山の山頂で国中を眺めて、女坂に女達の軍隊をおき男坂に男達の軍隊をおいて、墨坂におこし炭をおくことにした。他方敵方は、国見丘に屈強の強者がいて、兄磯城の軍は、磐原村にあふれ、敵の拠点はみな要害の地で臨戦体制をとって、道は塞がれ彦火火出見は身動きが取れなくなっていた。

それで弟猪《おうかし》は進言した「天の香具山はヤマトの大地の神様です。今の香具山社の赤土をとって平瓦八十枚を作り、同じくお神酒を入れる瓶を作り、天紙地紙をお祈りし、身を清めて呪そをして下さい。さすれば敵を打ち払いやすいでしょう。」と言った。弟猪《おうかし》の言葉を聞いて、彦火火出見《ひこほほでみ》(神武天皇)は夢のお告げと一緒だったので心中喜んだ。

そこで、椎根津彦《しいねつひこ》に着古した衣服と蓑笠《みのかさ》を付けさせて老人の形を作り、弟猪《おうかし》に箕《み》を着せて、老婆の形に作って言った。「お前たち二人は香具山に行って、こっそりと頂きの土を取ってきなさい。大業の成否は、お前達で占おう。しっかりやってこい」と。

この時には敵兵は道を塞《ふさ》いで、通る事も難しかった。

椎根津彦《しいねつひこ》は神意を占って言った。「もしわが天皇が、よくこの国を定められるものなら、行く道が自然とひらけ、もし出来ないなら、敵が必ず道を塞ぐだろう」と言って直ちに出かけた。

そして二人が敵兵に会うと、「汚い老人共だ」と敵兵は二人を大いに笑って道を開けて行かせた。二人は無事に山に着いて土を取って帰って来た。占いが吉と出て天皇は大いに喜び、この土で多くの平瓦や丸めた土の真ん中に穴をあけた土器、御神酒瓶《おみきかめ》などを作り、丹生の川上にのぼって、天地神を奉った。

宇陀川の朝原で、ちょうど水泡のようにかたまり着く所があった。彦火火出見(神武)は神意を占って言った、「私は今から沢山の平瓦で、水なしに飴を作ろう。もし飴が出来れば、きっと武器を使わないで、天下を居ながらに平らげる事が出来るだろう」と。飴作りを始めるとたやすく飴ができた。

また神意を占って「私は御神酒瓶《おみきかめ》を丹生川に沈めよう。もし魚が大小全部酔って流れるのが、ちょうどまこの葉が浮いて流れるようであれば自分はこの国を平定するだろう。さもなくば、ことは成り遂げられないだろう」と。そして瓶を川に沈めた。するとその口が下に向いた。しばらくすると魚は全て浮き上がって口をパクパク開いた。推根津彦《しいねつひこ》はそれを報告した。神武は大いに喜んで、丹生の川上の沢山の榊を根こぎにして、諸々の神のお奉りした。この時から祭儀の御神酒瓶《おみきかめ》の置物が置かれるようになった。

大伴氏に言った「いま高木の神を、見えない神からあらわに見えるように斎奉ろう。お前の斎主《いはいのぬし》とし、女性らしく厳媛《いつひめ》と名付けよう。そこに置いた土瓶を厳瓶《いつへ》とし、火の名、水の名、植物の名、薪の名、草の名をそれぞれ名付けよう」と。

古き昔より人は占いをする。占いをして吉、と出なければ兵士は付いて来ない。その昔より神に占い神を祭り、命を賭ける兵士たちの闘志を鼓舞する為に占いは必要であった。

冬十月一日

彦火火出見はその厳瓶《いっへ》の供物を食べて、兵を整えて出かけた。多くの敵を国見丘で撃って切った。この戦いに彦火火出見(神武)は必ず勝つと思われた。そこで次のように歌った。

　神風の　伊勢の海の　大石に　はい回る
　キシャゴのように、我が軍勢よ、我が軍勢よ
　キシャゴの様に　はい回り
　撃ってしまおう　撃ってしまおう
(神風の　伊勢の海の　大石にゃ　い這ひ廻る　細だみの　細だみの　吾子よ　吾子よ
細だみの　い這ひ廻り　撃ちてし止まむ　撃ちてし止まむん)

歌の心は、大きい石を国見丘に例えている。

一時は全滅したヤマト遠征軍が連戦連勝で彦火火出見は日々自信を高め威信を高めて行った。

所で、彦火火出見の歌はゴツゴツして現代語に訳しにくい。他でもない彼らはゴツゴツした侵略を職業とした軍人だからだ。それから、彼等は朝鮮・新羅からやって来たので日本語をまだ十分に消化していなかったのではないだろうか。だから大国主命、スサノオノ命の歌に比べてもゴツゴツして分かりにくい。しかし一度全滅して死にかかった命が生き返ったのだから歌は生き生きしている。

まだ残党はなお多く、その情勢は計りがたかった。そこで密かに大伴氏に言った。「お前は大久米を率いて、大きな部屋を忍坂村に造って、盛んに酒宴を催し、敵をだまして討ち取れ」と。大伴氏は密命により、部屋を忍坂に掘り、味方の強者を選んで敵と同居させた。そして「酒宴たけなわになった後、自分は立って舞おう。お前達は我が声を聞いたら一斉に敵を刺せ」と示し合わした。みんな座について酒を飲んだ。敵は陰謀の有るのを知らずに心のままに酒に酔った。そのとき大伴氏は立って歌った。

忍坂の　大きな部屋に　人が大勢　入っていても
人が大勢　来ていても

威勢に勝る　久米の兵士が　頭椎《くぶつつ》　や
　石椎で　撃ってしまおう
（お坂の　大牢屋に　人多に　入り居りとも　人多に　来入り居りとも　みつみつし　く
め の子等が　頭つつい　石つつい持ち　撃ちてし止まむ）
味方はこの歌を聞いて、一斉に頭椎の剣を抜いて敵を皆殺した。
だまし討ちであった。
皇軍は大いに喜び天を仰いで笑った。そして歌をよんだ。
　今はもう　今はもう、敵をすっかり　やっつけた。
　今だけでも　我が軍よ　今だけでも　我が軍よ
（今はよ　今はよ　ああしやを　今だにも　吾子よ　今だにも　吾子よ）
今でも久米氏が歌った後で大いに笑うのは、これがその言われである。
また歌って言う。
　夷《えみし》とは　一人で百人　当たる兵だと
　人は言へども、抵抗もせず。

(夷を　一人　百な人　人は云へども　抵抗もせず)

この時、彦火火出見《ひこほほでみ》(神武天皇)が言うに「戦いに勝っておごる事はないのが良将である。今、大きな敵はすでに滅んだが、同じように悪い仲間は恐れおののき、その仲間は多い。しかし、その実情は分からない。長く同じ所にいて難に会うまい」と、そこを捨てて別の所に移った。

完全なるダマシ打ちではあるが、壊滅したヤマト攻略軍の残党が侵入した事が長髄彦に知られれば、たちまち勇猛な主軍の餌食となり一網打尽となる。できれば長髄彦に彦火火出見(神武)達の情報が一切入らないようにと、だまし打ちで殺し、姿を暗ましたのだ。

彼等には武勇と胆力だけでなく謙虚と自制心、用心も必要であった。騙《だま》されて死んだ人にも騙《だま》して生きた人にも、すぐ後から来た台風が物凄い威勢で雨嵐を浴びせ衝けた。そして台風で風景は一変した。

そして一変した風景に皇軍は新しい闘魂が生きずいた。

兄磯城《えしき》と弟磯城《おしき》

十一月七日

皇軍は大挙して磯城彦《しきひこ》を攻めようとした。

まず使者を送って兄磯城《えしき》を呼んだ。兄磯城は答えなかった。

そこでいつものように八た鳥を遣わしてカラスを兄磯城の軍の上に飛ばして鳴かせた。兄磯城は怒って「敵が来たと慣って居るのに、なんでカラスがこんなに悪く鳴くのか」と言って、弓を構えて討った。カラスは逃げ去った。現代人でも仏滅は悪い、大安は良いとゲンを担ぐ。二千年前の原住人がカラスが来て鳴くのはゲンが悪いと戦わないのは、むりからぬ事だ。頭領の兄磯城がカラスは関係ないと言っても、家来は戦意が失せる。

大国主の八たのカラスの作戦は見事に成功して行った。

次いでに八たのカラスは弟磯城《おしき》の家の上にカラスを鳴かして言った。「海神の子がお前を呼んでいる」と。弟磯城《おしき》は怖じてかしこまって「手前は海神が来られたと聞いて、朝夕恐れかしこまっていました。カラスよ、お前がこんなに鳴くのは良い事だ」と言って、平らな皿八枚に食物を盛ってもてなした。

そして八たのカラスに導かれてやって来て言うのに「わが兄の兄磯城《えしき》は、天神の御子がおいでになったと聞いて、多くの武人を集めて武器を整え決戦しようとしています。すみやかに準備をすべきです」と。彦火火出見(神武)は諸将を集めて言った。「兄磯城はやはり戦うつもりらしい。呼びにやっても来ない。どうしましょうか」。

諸将「兄磯城《えしき》は悪賢い敵です。まず弟磯城を遣わして教えさとし、あわせて兄倉下《えくらじ》・弟倉下《おとくらじ》にさとさせて、どうしても従わなければ、それから兵を送っても遅くはないでしょう」と言った。そこで弟磯城を遣わして利害を説かせた。

だが、兄磯城《えしき》らは、なお愚かな計りごとを守って承服しなかった。兄磯城にしてみれば、忍坂でのだまし討ちの噂が入って来て、ただ黙って、だまし討たれる訳には行かなかっただろう。

推根津彦《しいねつひこ》が計りごとを立てて言うのに「今は女軍を遣わして、忍坂の道から行きましょう。敵はきっと精兵を出して来るでしょう。こちらは強兵を走らせて、直ちに墨板を目指して宇陀川の水を取って、敵軍の起こした炭火に水をそそぎ、敵が驚いている間に不意をつければ、きっと打ち負かす事が出来るでしょう」と。

人は燃え上がる火によって戦意を高める。

戦いとは燃え上がる火の気である。だから敵の火の気に水をそそぐ事で戦意を消して、敵を打ち負かす事が出来る。

彦火火出見(神武)はその計りごとをほめて、まず女軍を出した。敵は大兵が来たと思って、力を尽くして抑え撃った。これまで、皇軍は攻めれば必ず勝った。しかし甲冑の兵は疲労して苦戦を強いられた。敵は相手が女だと分かるや、一挙に畳み掛けて迫ってきた。

女軍はよく戦い粘りに粘ったが、劣勢は覆い隠す事が出来なかった。

彦火火出見《ひこほほでみ》(神武)は味方が逃げて崩れ行く様に、空腹で疲れがドット出た。額には汗が溢れ背筋の寒くなる凄まじい恐怖を感じた。

そこで心を慰めるために歌を作った。

伊那佐の山の、木の間から、敵を見つめて　戦ったので、
我らは飢えた　迂回する鳥　迂回する友

今すぐに、助けに来いよ

（楯並めて　伊那瑳の山の　木の間ゆも　い行きまもらひ　戦へば　我はや飢ぬ　嶋つ鳥鵜飼が徒　今助けに来）

はたして男軍が墨坂を越え、後方から挟み撃ちにして敵を破った。戦っている背後で皇軍のあげる歓声は大変な恐怖をあたえた。

武人兄磯城《えしき》は士気を励ましたが、退路を断たれ、火の気に水をそそがれ闘魂の火は消えた。武人兄磯城は皇軍に包囲され、弟磯城の見ている前で太刀をあびせられるやザッザーと血が霧のごとくに噴き出し、兄磯城《えしき》は唸るような声を上げて死んで行った。

周りは敵味方の死体と地獄のうめき声で足の踏み場のないほどの修羅場と化した。彦火火出見も命拾いした、余りにも血なまぐさい激しい戦闘であった。そして最後には皇軍は勝利の歓声を上げた。

一時は滅亡したヤマト遠征軍が、ここに太陽の如く目覚めた。

東の山々から上る朝日は木々の緑を目覚めさせみずみずしい万物をキラキラと光らせ

た。そうだ、古来より彼らは日の本の民と言う。

滅亡した遠征軍は彦火火出見(神武)によって太陽の如くよみがえって輝き、希望は生き生きと吹き込まれ闘魂は奮い立った。

長髄彦《ながすねひこ》

十二月四日
とうとう皇軍は長髄彦《ながすねひこ》を討つことになった。
大阪からヤマトに侵入した時、皇軍は長髄彦に苦戦を強いられ退却して、彦火火出見(神武)の兄・五瀬命が命を失ったのだ。
こうして両軍が接近する時には生命の鼓動、そして恐怖の鼓動、体中の血管は緊張し熱い血は張り裂けるほど心臓を鼓動させていた。そして勇気を奮い立たせる雄叫びを上げて両軍は接近した。

長髄彦《ながすねひこ》「なに、相手は滅亡したヤマト攻略軍だと。言語道断な天と地を汚す侵略者め、今度こそ徹底的に破滅させてやる」と言って戦う長髄彦はさすがに強かった。出雲人・櫛玉ニギ速日命《くしたまにぎひのみこと》より得た鉄器で勇猛に先頭に立ち皇軍の陣の真っ只中に飛び込み暴れまくる闘魂に畏服しない者はなかった。


この長髄彦《ながすねひこ》に皇軍《こうぐん》は狼狽《ろうばい》し、何度戦ってもなかなか勝てず苦戦を強いられた。しかし、前回の戦いと違って皇軍には八たの鳥がいた。

カラスを飛ばしても戦意を失う事はない長髄彦《ながすねひこ》だったが、八た鳥は彦火火出見(神武)に「戦いは一進一退で、否、気を抜けばたちまち負けます。で、カラスの策ともう一つ鳶《とび》の策も授かって来ています。鳶《とび》が敵軍に飛んで行けば戦いに負けると言われています」と言って、鳶の計略を始めた。

戦いの最中、急に黒き雲は逆巻いて密度を加え空は暗くなって冷たい風と共にヒョウ・

氷が降ってきた。

まるで劇画《げきが》の様な、おあつられ向きの天候となった。そこに計略のとおり、金色の鳶を飛ばせ神武の弓の先に止まらせた。

その鷲は光に輝いて、その様はまるで電の光の様に効果的だった。

ヒョウと電の様な光の交錯する中で彦火火出見(神武)が現われいずる様子は輝く様に圧巻でその勇壮な姿に皆等しく圧倒された。

他を圧巻する幻想的な姿に、カラスでも気がなえ弱る事のなかった長髄彦と強者達も、さすがに皆、幻惑されて戦意を失った。

出雲より死の宣告を受け壊滅したヤマト攻略軍が道と言う道を通らずに、突然、天から天下った様に現われたのだ。そんな彦火火出見(神武)に金色の鳶が飛んで来て神がかった様に光り輝いたのである。長髄彦の兵は驚き幻惑して戦意を失うのも無理はなかった。

いや、出雲より死の宣告を受け、道のない獣道を通って、突然、降って湧いて現われたからヤマト攻略軍は成功したのだ。

逆に言えば、神武の兄・五瀬命も、とても人の行ける所ではない物凄い沼地の竜田・法隆寺から侵入すれば、ヤマト攻略は成功したかもしれない。ちょうど源義経が源平合戦で、とても人の行けない絶壁のヒヨドリ越えから攻めて平家を壊滅させたように。

昔、長髄彦《ながすねひこ》との戦いで神武の兄・五瀬命が矢に当たって命を失っていた。彦火火出見(神武)はこれを忘れずに常に恨み、長髄彦に体中の臓腑は熱く煮えたぎる様に憎しみを抱いていた。

そしてこの戦いにおいてカタキを取りたいと思い歌って言った。

天皇の　御稜威《みいつ》を負った　久米軍の、その家の　垣の下
植えた山椒、ヒリヒリとして　敵の恨みを　今も忘れず。
今度こそ　撃ってしまおう

（みつみつし　くめの子等が　垣本に　粟生には　韮一本　其根が本　其ね芽繋ぎて　撃ちてし止まむ）

（みつみつし　くめの子等が　垣本に　植ゑし山椒　口ひびく　我は忘れず　撃ちてし止まむ）

そして敵がひるんでいる間に、兵を放って急迫した。

戦意を失った長髄彦《ながすねひこ》は使いを送って彦火火出見（神武）に言上した。「昔、海神の御子が海の磐船に乗って海降られました。櫛玉ニギ速日命《くしたまにぎはやひのみこと》と言います。この人が我が妹、三炊屋姫《みかしきやひめ》をめとって子ができました。名をウマシマデの命を言います。それで私は櫛玉ニギ速日命《くしたまにぎはやひのみこと》を君として使えています。一体、海神の子は二人おられるのですか。どうしてまた、海神の子と名乗って人の土地を奪おうとするのですか。私が思うのに、それは偽者でしょう」と。

これに答えて彦火火出見（神武）は「海神の子は多くいる。お前が君とする人が本当に海神の子ならば必ず印物があるだろう。それを示しなさい」と。

長髄彦《ながすねひこ》は櫛玉ニギ速日命の海蛇の呪力を負った矢と弓を射る時に使う器具を神武に示

した。

彦火火出見(神武)は見て「いつわりではない」と言って、帰って彦火火出見(神武)が所持の海蛇の呪力負った矢と弓を射る時に使う器具を長髄彦《ながすねひこ》に示した。

長髄彦はその海神の印を見て悟って畏まったが、途中で戦を止めることは難しかった。男としての意地と宿業があったからだ。

しかし櫛玉ニギ速日命はもとより海神を拝したので同族の神武に心を寄せ、又、長髄彦に原住民と海人とは異なる事を教え説得した。

櫛玉ニギ速日命は、壊滅したヤマト攻略軍から天から降ったのか地から沸いて来た如く神がかった彦火火出見(神武)を見て、同族と言う近親感だけでなく彼の限りなく懐深い人間味ある深い顔を見て、ああ、この様な人に仕える事が出来たらと思った。

長髄彦《ながすねひこ》は、そんな櫛玉ニギ速日命を見てイライラし「なにが海蛇だ、海神だ。とっくに滅亡した海賊ではないか。海神がそんなに良いなら彦火火出見に付けばよい」と言った。

おろおろして怖じ気ずく様な指導者は軍隊を従える事が出来なくて皆例外なく失敗し武運は尽き果てるものだ。

櫛玉ニギ速日命《くしたまにぎはやひのみこと》は「あれほど威厳があった頭領が、これほど疑心暗鬼になるとは、情けない」と説得できないと見て、長髄彦《ながすねひこ》を裏切り殺害する事を計った。又、殺害しなければ自分の身が危うくなる。

長髄彦《ながすねひこ》は不意を突かれ、太刀の光が体を通り抜けた時、一味の中に櫛玉ニギ速日命《くしたまにぎはやひのみこと》の姿を見つけると、全てを悟ったが、なお信じて疑えない憤怒は、この世のモノと思われぬ雄叫びを上げて刀を振り上げたが最後の一太刀が長髄彦の心臓を一撃すると血潮はどっと吹き出して全身の力が吸い出されグタとなり倒れ込んだ。大地にあふれ出た真っ赤な血を惜しむかのように大地を抱えて死んでいった。

櫛玉ニギ速日命は長髄彦の死をひとしおの思いで見て「沈んでいく太陽よ、お前が真っ赤な血になって沈んで行く言う様に、長髄彦よ、お前も真っ赤な血となって死んでしまった」とつぶやいた。

こうして櫛玉ニギ速日命は部下達を率いて彦火火出見に帰順した。

神武は櫛玉ニギ速日命が海から降ったと分かり、いま忠誠の心を尽くしたので、これをほめて寵愛した。これが物部《もののべ》氏の祖先である。

翌年　春　二月二十日

諸将に命じ士卒を選んで訓練した。

この時、添県に女賊があり、天理市の城下に居勢祝《こせのはふり》と言う者があり、臍見の長柄の丘に猪祝《いのはふり》と言う者があり、その三か所の士族は力をたのんで帰順しなかった。そこで彦火火出見(神武)は軍を遣わして皆殺しにさせた。

また高尾張村《たかおわりのむら》に土蜘蛛がいて、その人様は身丈が短く手足が長く蜘蛛と似ていた。皇軍は葛《かつら》の網を作って、覆い捕らえてこれを殺した。故にその村を名づけて葛城《かつらぎ》とした。

事実は小説よりも奇なり、と言うが、殺し殺し殺しと、従わないのは全て殺していく物凄い殺戮《さつりく》である。戦争とは獰猛な強欲がむき出しになり、暴行、殺人と地獄の恐怖が人を飲み込む。

殺し合いで、殺された者は慟哭《どうこく》する。広島や長崎の原爆で人が慟哭《どうこく》したと同じである。この様に戦争では肉と肉は切り刻まれ血を流し合わなければならないのだ。

物語では大国主に「山戸攻略は失敗して平和を望む」と言わせたが、戦争より平和を願ったからだ。

伊須気余理姫《いすけよりひめ》

庚甲の年秋八月十六日

彦火火出見(神武)は王妃を立てようと思われた。

改めて身分の高い貴族の女子を探された時に大久米が申すに「事代主《ことしろぬし》が勢夜阿多良姫《せやだたらひめ》

と結ばれて生まれた子を名ずけて伊須気余理姫《いすけよりひめ》といい、容色優れた人です」という。これを聞いて彦火火出見は喜ばれた。ある時七人の女子が大和の高佐士野で遊んでいるときに、この伊須気余理姫も混じっていました。それを見た大久米が歌で神武に申すに、

大和の国の　高佐士野《たかさじの》を
七人が行く　乙女たち
誰をお召しに　なりますか。
(倭の　高佐士野を　七行く　をとめども　誰をしまかむ)

その伊須気余理姫《いすけよりひめ》が、女子たちの先に立っておりました。
神武は見て、伊須気余理姫《いすけよりひめ》が一番前に立っているのを知って歌で答えた。

ともかくも　一番先に　立っている　年長の娘を
妻にしましょう
(かつがつも　いや先立てる　兄をしまかむ)

ここに大久米が神武の言葉を伊須気余理姫に伝えると、姫は大久米の眼の裂け目に入れ墨をしているのを見て不思議に思って、

天と地の間で　千人勝りの　勇士だという　目に入れ墨を
　どうしてしてる。

（あめつつ　ちどりましとと　などさける利目）

と歌うと、大久米が答えて歌うに

お嬢さんに　すぐに逢おうと　目に入れ墨を
　しています。

（をとめに　直に逢はむと　我がさける利目）

と歌った。

かくしてその娘は「お仕え申し上げましょう」と言った。

大久米とは元来が海賊だ。顔に入れ墨をして、屠殺人のギラギラした目に、姫はノーと言えなかったのだ。

伊須気余理姫《いすけよりひめ》の家は佐井川のほとりにあった。

彦火火出見(神武)はその姫のもとに行って一夜寝た。風がサーと吹き込んでくると花の香りと彼女のなまめかしい女の香りが合わさる中で彦火火出見(神武)は彼女を抱いた。無垢な美しい女、しかも高貴な事代主王の娘を征服した喜び、その時の心の満足と感動は言葉に出来ない程であった。

佐井川と言うのは、山百合の元の名・佐井が川のほとりに沢山有ったからだ。後にその姫が宮室に参じた時に、彦火火出見(神武)が読んだ歌。

草原の　葦《あし》の茂った　小屋にいて
菅《すげ》の畳を　清らに敷いて
我が二人だけ　寝たことよ

(葦原の　しけしき小屋に　菅畳　いやさや敷きて　我が二人寝し)

無垢な色香がほんのりと匂い立つこの天国に、兄達が死んで行った凄まじい地獄の戦場が神武にそれからそれへと思い溢れ出た。

三十一年夏四月一日

彦火火出見(神武)は巡幸して、腋上《わきかみ》の丘に上った。

「負けるものかとやってきたが、よくぞこのヤマト国を征服出来た事よ。良くやったものだ。正に戦は生き物であった」と言った。

そして国の形を望見して言った「何と素晴らしい国を得たことだ。狭い国であるけれど秋津が交尾しているように、山々が連なって囲んでいる国だなあ」と。

これによって始めて秋津州《あきつしま》の名ができた。

櫛玉ニギ速日命は、海の岩船に乗って飛び回り、この国を見て降りて「空見つ大和の国」と言った。

そして大国主は、彦火火出見(神武)が征服したヤマトを見て「美しい垣のような山に囲まれた国」と言って讃えた。

神武天皇の山戸攻略は、大国主命の物語からはこの様に連想した。

神話は支配者に都合よく書かれた話とよく言われるが、そんな事はない。良いことも悪いことも全てリアルに書かれている。

神武天皇の日本的でない朝鮮的な元名・彦火火出見がしかり。

そして神武天皇の山戸攻略軍が女賊を襲った事も正確に書かれている。

五瀬の命という指導者を失った敗軍は、海賊と化して、男達のいない女子供の村を襲った如きに書いてある。

崇高なる書記と言う職業柄、間違ったことを記すハズはない。


神話の始めは「昔、天と地がまだわかれず・・・固まっていなかった・・・天が先ず出来上がって地がその後でできた」と骨董無形に記されているが、その神話の始まりでさえも「日と月は既に生まれたまいき。しかる後に蛭子(不具の児)を産む」と日の神・天照大神は既に生まれて、まるで原住民の子であるが如きに書いてある。

崇高なる書記と言う職業柄、真実を記して間違った事は記さない。

神話は全て真実である。

国譲《くにゆず》り

古代神話の大事変《だいじへん》、大国主命《おおくにぬしのみこと》の一大事変《だいじへん》、国譲《くにゆず》りに入る。

神話が語る大国主の恋物語から・・・・・・・・・・・

大国主命《おおくにぬしのみこと》が高志の国・越国(石川県、富山県、新潟県に及ぶ国)に美しい沼河姫《ぬなかわひめ》と言う娘がいたので、嫁にしようと出かけてその沼河姫《ぬなかわひめ》の家に行って読んだ歌。

大国主の神の命は
八島の国で　妻を得る事　出来なくて
はるかに遠い　越の国
賢い女がいると聞き
麗しい女がいると聞いて来て

嫁にしようと　心　弾ませ
嫁にしようと　夜ばいに通い

太刀の緒もまだ解かず
上の羽織もまだぬがず
乙女の寝てる　家の戸を
押し揺すぶって　我が立てば
引き揺すぶって　我が立てば
青き山にはヌエが鳴き
野鳥のキジが叫び立ち
にわとりは鳴き出して
腹立たしくも鳴き立つ鳥だ
あんな鳥なぞ　たたき殺して鳴き止ませたい

（八千矛の　神の命は　八島国　妻枕きかねて　遠ドホし　高志の国に　賢し女を　有りと聞かして　麗し女を　有りと聞こして　さ婚ひに　あり立たし　婚ひに　あり通はせ　太刀が緒も　いまだ解かずて　襲をも　いまだ解かねば　嬢子の　寝すや板戸を　押そぶらひ　我が立たせれば　引こづらひ　我が立たせれば　青山に　ヌエは鳴きぬ　さ野つ鳥　キギシはとよむ　庭つ鳥　鶏は鳴く　心痛くも　鳴くなる鳥か　この鳥も　打ち止めこせぬ）

神の使いの鳥が大国主の歌を以上の様に伝えている。
そこで沼河姫が、まだ戸を開かないで家の内で歌った歌は

　大国主の神の命さま
なよれた草の　女ですから
わたしの心　ただよい浮かぶ　水際の鳥
今でこそ　わたしの鳥で　わたしはいても
もうすぐ後に　あなたの鳥になりましょう

どうぞ命は　取らないで

青山に　日が隠れれば
暗闇の　夜が来ますが
朝日が明けて　ほほ笑みで　まぶしく栄えた
あなたが来れば

たく綱の　　艶々とした　白い腕
淡雪の　ふわっとした　若い乳房を
そっと撫で合い　絡み抱き合い
真玉の様な美しい手に　玉の手を添え
いつまでも　いつまでも　安らかに寝て　いただきますに
そんな焦った　恋をしないで
大国主の神の命様

と沼河姫が以上の様に伝えた。

故に、その夜は会わなくて次の晩結ばれた。その姫は美人も美人、うわさ以上で、北国の白雪の様な透き通った肌の美人であった。

だが、この恋に大国主命のお妃・須勢理姫《すぜりひめ》は大変嫉妬深く恨んだ。

それで夫の大国主は心わびしく思われて、出雲からヤマトの国に上がろうとして装いして立つ時に片手を馬の鞍に懸け、片足は鐙に踏み入れて歌を歌った。

ぬば玉色の黒い着物を　丹念に　着飾って
水鳥が胸見る如く　羽ばたくに
身のこなし　これは合わんと　波打ちぎわに脱ぎ捨てて
カワセミの青い着物を　丹念に　着飾って
水鳥が胸見る如く　羽ばたくに
身のこなし　これは合わんと　波打ちぎわに脱ぎ捨てて

山畑にまく　あかね草を　臼で突き
染木の汁に染めた着物を　丹念に　着飾って
水鳥が胸見る如く　羽ばたくに
身のこなし　これなら良いと
愛しい妻よ
群れ鳥と　わたしが群れて　行ってしまえば
退く鳥と　わたしが退いて　行ってしまえば
泣かないとあなたは言うが
山の麓の　一本ススキ
うなだれて　泣きくずれるに
朝雨の　霧の中　たたずんでいる
若草の　わが妻よ

大国主の歌は、ぶっきら棒だが、深く人の心を打つ。

深く立ち込めた朝霧の中に名残り惜しそうにたたずむ妻とその悲しそうな涙に大国主の心はゆれた。馬に乗る刹那、須勢理姫《すぜりひめ》の心を思い辛く思った。しかし指導者・大国主には女には分からない重要な責任と仕事もあるのだ。大国主命には沼河姫との恋だけでない。木々にざわめき立つ風音はザーと吹き上げてヤマトの騒乱が大国主を呼んでいた。それで、そのお后・須勢理姫《すぜりひめ》が、大きな酒盃を取りて、立ち寄り捧げて歌った歌。

大国主の神の命
わたしの大国主よ
あなた様こそ　男ですから
回る島の　先々に
回る磯の　何処にでも
若草の　妻をお持ちでいるでしょう
わたくしは女ですので

あなた以外に男はいない
あなた以外に夫はいない
綾で囲んだ　寝室の　フワリと垂れた綾の下
絹の布団の　フワフワとした　その下で
衣のこすれる　サラサラとした　その下で
淡雪の　柔らかい　若い乳房を
たく綱の　艶々しい　白い腕
そっと撫で合い　絡み抱き合い
真玉の様な美しい手に　玉の手を添え
いつまでも　いつまでも　安らかに寝て　おやすみなさい
美味しい酒を　お上がりなさい
（八千矛の　神の命　ぬえ草の　女にしあれば　我が心　浦渚の鳥ぞ　今こそは　我鳥に
あらめ　後は　汝鳥にあらむど　命は　な殺せたまひそ
青山に　日が隠らば　ぬばたまの　夜は出でなむ　朝日の　笑み栄え来て　タク綱の

白き腕　アワ雪の　若やる胸を　そだたき　たたきまながり　真玉手　玉手さし枕き　百長に　寝は寝さむを　あやに　な恋ひ聞こし　八千矛の　神の命)

と歌った。

こう歌って、契りを固く結んで盃を取り交わし、お互いのウナジに手を掛け合ったまま、今日まで鎮座《ちんざ》しております。

これが御鎮座《ごちんざ》の神語り歌です。

大国主が着る服をアレは駄目だコレは駄目だ、と着飾ってヤマトの国に出て行くのを、女に会いに行くのだ、と須勢理姫《すぜりひめ》が嫉妬して歌った歌だ。

最初は、この神話を大国主の浮気物語と読んでいた。が、この浮気物語が、何か重要な意味を持つのではないかと思えてきた。

大国主がヤマトの国に上がろうとした事も興味深いが、それ以上に沼河姫《ぬなかわひめ》の産んだ子が、国譲《くにゆず》りの終りに出て来る建御名方《たけみなかた》王である。

そして最後になってトウに忘れていた、あの須勢理姫《すぜりひめ》が物語の中心に大きく不気味にクローズアップして出て来た。あたかも神話の大事変・国譲りは須勢理姫の嫉妬から始まったかの如く。

否、歌の如くこの須勢理姫の嫉妬から、国譲り、は始まったのだ。

そもそも夫婦とは他人である。大国主に太陽がサンサンと当たれば、その分、妻は日陰に甘んじて夫婦の亀裂は深まる。須勢理姫《すぜりひめ》が耐えに耐えてきた、うっぷん、が爆発する。

こうして古代の大事変・国譲り《くにゆず》は始まって行った。

須勢理姫《すぜりひめ》は大国主命《おおくにぬしのみこと》に向かって言った「我が父なる島根の国の王・須佐之男は私達夫婦に統治の代行を命じたのです。後継者はあくまでも兄です。この兄が戻ってこられた今、ここは兄・三輪《みわ》の大物主《おおものぬし》王の治める大地です」と。

これに答えて大国主「元の根の国はちっぽけな土地にすぎない。十倍と拡大した大島根の国・大八島は全て私が作った大地だ。しかも『余生を故国で送りたい』と帰ってきた義兄にヤマトを与えた」。

しかし須勢理姫はきっぱりと言った「いいえ、ヤマトも出雲も大八島全て、兄の治める大地です」と決心を胸に秘めて出て行った。

須勢理姫は利発な女である。策略、陰謀も上手であった。須勢理姫は既に手を打っていた。西日本に広がった国は根の国が広がった大島根の国である。だから政治の上層部は全て島根の国の古参で占められている。と言う事は全て須勢理姫の息のかかった部下である。

こうして須勢理姫の、うっぷん、は国譲りに成っていった。

そもそも島根の国は須勢理姫《すぜりひめ》のモノである。だとすれば、いつの時代もそうであるが、大国主が島根の国を十倍にしても、あくまでも権利は須勢理姫のモノである。

須勢理姫《すぜりひめ》の兄・大物主《おおものぬし》が帰って来たら、大物主にも権利はある。いや、男子継承と言う点からは大物主《おおものぬし》の物である。

大国主は大いなる功労者ではあるが直接の権利はない。

それから須勢理姫《すぜりひめ》にすれば、どこの馬の骨と分からぬ大国主の女が生んだ子が事代主として大国主の跡継ぎに成ろうとしている。

『どこかの馬の骨』だったら川に流して心の整理がつく。だが、後継者・事代主は長年苦しんだ須勢理姫の恋敵の子である。

そしてこの事代主と兄・大物主《おおものぬし》の嫁、勢夜陀多良姫《せやだたらひめ》の密通が発覚しようとしていた。勢夜陀多良姫《せやだたらひめ》と事代主の密通の背景を書いておこう。

三輪の大物主《おおものぬし》にしてみれば、いくら島根の国の後継者だとしても最初は住む土地もない流浪の身であった。

世話になる為に、たくさんいる嫁の一人や二人、提供するのは暗黙の了解、古来からの習わしであった。また、大国主の後継者であり実質的に実務をしている事代主を手なずける為でもあった。

だが、山戸の土地を得て一国一城の主になった今、本人が承知していても回りの人が許さなかった。噂があれば第一に須勢理姫が承知するはずがなかった。須勢理姫にとっては我が肉親の嫁である。

何十年と恨み辛み憎んでいた事代主が肉親の嫁に手を出したのだ。黙っているはずがなかった。スキャンダルは相手が強いうちは攻撃しない。相手が弱くなれば暴く。故意か故意でないか、事件はこうして起こった。事代主《ことしろぬし》が勢夜陀多良姫《せやだたらひめ》の所に通っている現場が襲われたのだった。従者の通報によって事代主は命からがら逃げ出したが、勢夜陀多良姫は密通の罪で逮捕された。国譲りする口実はここに出来上がった。哀れ勢夜陀多良姫《せやだたらひめ》はその口実作りの為であった。

その後も須勢理姫《すぜりひめ》の行動は素早かった。須勢理姫の命令下、すべての指導部がすでに、須勢理姫と大物主《おおものぬし》に寝がえっていた。須勢理姫の陰謀はこれだけではなかった。

大島根国の古参が大物主王に進み出て言った。「大国主に国譲りをしてもらうのに、大物主《おおものぬし》様が手を汚しては、将来の統治の為になりません。又、我が大島根の国も手を汚す必要はありません。

大国主は海洋人であり、島根人ではありません。『蛇の道は蛇』です。蛇の道は蛇にやってもらう事です。海洋人、出雲人にやって貰う事です」。

三輪《みわ》の大物主王《おおものぬし》がびっくりした顔をして「まさか海洋人が大国主を裏切るはずがないだろう」と言うと、長老は「それは違います。御存知の様に大国主が作った島根の国よりヤマトに至る大八島の中枢は、貴方様がにぎっております。という事は。大八島は全てあなた様が握っていると同様です。海洋人は、この大八島に巣くう虫にすぎません。海洋人・出雲人はあなた様に絶対に逆らう事はできません。その上にもう一つ、絶対に我々の命令に従う理由があります。

大島根の国が手の及ばない地域で、攻撃し手に入れた地区を出雲人が支配する事を望んでいますが、大国主はこれを禁じています。

東の蝦夷の力をソグ事ができますが、西の九州は権利と権利を争い、大乱となるからです。この権利を出雲人に与えるとの条件ならば出雲が従わないはずがありません。

それから出雲人は島根の国を母なる神の国と呼んで、その聖なる地を巡礼する事を切望しております。

出雲人の大いなる神々の生誕の地だからです。その島根の国に有る大いなる神々の生誕の地を出雲人に与えるとの条件をつければ、出雲人は大いなる感謝で涙を流して大物主様に従って来るでしょう。

我々にとっては、支配する大八島に比すれば島根の一部にある神々の生誕の地は、ほんの微々たるものにすぎません」。

大物主王《おおものぬし》は「ウーン素晴らしい考えだ。いや、悪魔の様な素晴らしい、心強い策士を持ったものだ」とうなずいて、出雲人に命令を出す様告げた。

・・・・「出雲の神々が生誕した島根の一部を出雲人に与える」と島根国の長老に言わせたが、事実、古代島根は別の異民族に東西半分ずつ支配されていた。古代島根の墳墓《ふんぼ》は西が円墳《えんふん》で東が方墳《ほうふん》だからです。全くの異民族と言えば島根の原住民と出雲人です。海洋人・出雲人は現地人の一般的な円墳を拒み、中国を統一していた秦・漢の伝統ある方墳で、中国王室の後継者である、と威厳とプライドを持ち続けたのだ。

又、神話からの連想は遺物遺跡からの連想でもある。・・・・

三輪の大物主王《おおものぬし》の命令は出雲の指導者の元へ伝えられた。もちろん指導者達の会議は、興奮の頂と達した。頭領・高御産《たかみむすび》は言った。「海にしか住めなかった我が出雲人に大いなる神々の生誕の地が、そして陸の大八島の大地が手に入るなんて、大物主《おおものぬし》の申し出は我々の長年の夢のまた夢を、全てかなえてくれる。大変有り難い申し出であるが、恩ある大国主様を裏切る事になる。何としよう」。

副頭領「恩は確かにある。しかし大国主命の時代は根の国に征服された屈辱の歴史である。これを我々が実行するだけで、長年の夢のまた夢が全てかない、念願の独立できます。しかも、その原因は事代主の不倫であり、我々には何の関係もありません。そして、これは我々と別の国の大島根の国ですでに決まった事である。我々は大八島の回りのに浮かぶ海洋人にすぎない。これを拒否し、大島根の国に逆らえば、まちがいなく死滅の道をたどる事でしょう」と。

即ち、出雲の指導者は大国主以前の、島根の国に征服されない独立した出雲国、を願う様になった。大国主をいじめたボンボンの王子の国である。

呪わしい人間の根性は過去ばかりが良く見え、現在を悪く思う。その郷愁から過去のボンボンの出雲国が良く見えて来たのだ。

そして夢のまた夢でしかなかった大いなる神々の生誕の地が手に入る等、全ての願望がかなうのだ。

頭領・高御産《たかみむすび》「出雲人で、私の命令に従うものは十分の一もない。大国主の命令なら命をかける、と言う者達がほとんどである。それを何とする。第一、我が出雲軍団の軍隊長・尾羽張将軍《おはばりしょうぐん》が命にかえても大国主をお守りするだろう。尾羽張将軍は少名彦の息のかかった一番弟子である。又、この全世界の海洋人で、尾羽張将軍に勝つ海軍など一つもない」。

これに答えて副頭領「その事は逆に、もし尾羽張将軍が我々の味方になれば、全世界の海洋人が我々の味方となると言う事です。

迦久《かく》を尾羽張将軍《おはばりしょうぐん》の元に遣わしましょう。他の人では駄目です。尾羽張のフンケンの友、迦久《かく》以外に将軍を納得できる人は居ません。全滅するか、夢がかなうか、道は二つに一つです。迦久ならなんとかしてくれるでしょう」と。

この頭領の命令の下、迦久《かく》は尾羽張将軍《おはばりしょうぐん》の所に出かけて行き、秘密の密命が将軍に伝えられた。

尾羽張将軍《おはばりしょうぐん》は、一瞬、裏切りと言うよりももっと強烈な衝撃に打ちのめされ、しばらく何の事か分からなかった。だが、それが分かってくるや将軍は当然、激怒した。

彼の血走った眼は地獄の炎の様に真っ赤に燃え、ものすごい形相で剣を抜いて迦久をニラミつけた。「な!・な!・何だと!」。何だ、何と言う身の毛のよだつ怖ろしい陰謀よ。人のする事ではない。もし迦久《かく》、貴様でなかったら、すぐに首をハネる所だが、オレの所にそんな話を、よく持って来られたな。当然生きて帰れるとは思ってないだろうな」と将軍が言うと、迦久は「もちろん、生きて帰るつもりは無い。何とか話だけは聞いてくれ。大国主様に命ささげるなら、こんな喜ばしい、誇らしい事はない。喜んで死ぬ。だがそうしたら我が子、可愛い孫が全て死に絶える。私の命と引き換えに、もう一度考えてくれ」と頼み込んだ。

尾羽張将軍《おはばりしょうぐん》は少名彦の息のかかった一番弟子である。大国主に叛くはずがない。将軍は「問答無用だ!俺とお前の仲だ。今だけは命を助けてやる。もし明日のお前のツラを見つけたら、即刻殺してやる。とっとと帰れ」と言うと、「いや帰らん。明日になったら殺してくれ。オレの考えは変わらん」と迦久《かく》は言い返した。

意外に強い迦久《かく》の言葉を聞いて、将軍は外に出た。

明日になったら無二の親友、迦久《かく》を殺さねばならん。

将軍は夜暗くなるにつれ眠らずイライラし出して、ついに迦久の密命を妻に話し出した。妻に話すと、妻は、迦久を殺さぬ様、そして命をかけて説得にきた迦久《かく》の話だけでも聞くようにと、将軍に話をした。

将軍は一睡もしなかった。そして次の日、迦久《かく》に告げた。

「話だけでは聞いてやる!」と。

尾羽張が海洋一の武人ならば、迦久は海洋一の話人である。その海洋一の話術で、ろうろうと話し始めた。

今、海洋国出雲は近衛隊長の赤鼻に敗れて征服された屈辱の上に立った国であり、正統の王を立てて再び独立国になる事が理想である事。しかも、島根の国の半分を出雲に移譲してくれるとの事。

そこは我々の、大いなる神々の誕生の地であり聖なる巡礼地で、我国が長年切望した夢のまた夢であり、我らの大願で悲願であった事。

大国主の誕生する前の恐怖《きょうふ》の戦慄《せんりつ》する地震《じしん》と津波《つなみ》は誰もが知り経験し聞いている。

その地震と津波に脅え打ちひしがれて、海の島々にしか住めない海洋人である出雲人が、壮大なる大地、しかも大いなる神々の誕生の地・島根の国を得る事は夢のまた夢でありの悲願である事。

その悲願である壮大なる大地を大物主王が出雲人に譲る事を約束してくれたこと。又、大物主王は、壮大なる九州の大地を占領すれば我が出雲人の土地にする、と約束した事。それを大国主は「九州が血で血を洗う大乱となる」と禁止して海洋人の足かせとなっている事。又、事変の原因が事代主の密通で有る事。この密通の為に、出雲の国が二つに分かれて争えば、どっちにしても我々海洋人全て、子供、子孫に至るまで死に絶える事。迦久《かく》の海洋一の話術とその、ろうろうとした弁説の素晴らしき事。尾羽張将軍《おはばりしょうぐん》は魔法にかかったかの様にうつろに聞き入った。

その夢遊病者の様になった尾羽張に、迦久《かく》は「是非、お力を、お願いします」と。一睡もせずに、魔法にかかった尾羽張ではあるが、「我々が大国主様に逆らえるわけではないが」と拒否した。

迦久《かく》「それでは息子の建御雷《たけみかずち》を貸して貰えないか」と言うと尾羽張は思わず「ウン」

と、うなずいてしまった。

迦久は驚喜した。絶対に失敗すると思っていた説得が成功したのだった！万に一つのカケが成功したのだった！　その成功はすぐに指導者の元に伝えられた。

指導者達の喜びは、筆舌に尽くせない程だった。建御雷《たけみかずち》を大国主の元に送る。当然、大国主方は戦意を失う。これ以上の策が、この世にあっただろうか！しかし高御産《たかぎむすび》は言った「信じられない事だ。何か裏があるといけない。我々のスパイ鳥舟を建御雷《たけみかずち》につけよう」。

この頃には尾羽張将軍は迦久《かく》の話術の魔法からさめていた。そして息子・建御雷《たけみかずち》を呼んで言った。「息子よ、私はとりかえしのつかぬ事をしてしまった。それで是非聞いてもらいたい頼みがある。息子よ！大国主の所に着いて、伝言を伝えたら、切り殺されて帰って来い。ここが大切な事だ。いいな必ず切り殺されて帰ってこい。その亡骸を、私が大国主様を裏切ったあかしとして代々お守りするだろう。いいか、必ず切り殺されて帰ってこい」。

建御雷《たけみかずち》「おやじ殿、分かりました。将軍の息子としてりっぱに死んでみせます」と。

こに神話の世界の大事変、国譲りは始まろうとしていた。

須勢理姫と島根の国の古参は、その計画の龍の絵に目を入れんと！出雲の指導者と迦久は、あまりに上手くいった計画にカラダを震わせ、海洋国で集めるだけの軍団を組織して！。

尾羽張の将軍は部屋の中にじっと閉じこもって！。

そして建御雷《たけみかずち》は、この反逆に命を落とさんと大国主命のいる出雲のイササの浜へと軍団を従えて向かった。


ここ大国主の居る出雲の国にも世の異様な変化を感じていた。

そこに反旗をひるがえした船団が近づいて来たのだ。

その軍団とは他でもない、少名彦の創った尾羽張将軍の船団である。

即ち、大国主の直属の少名彦の創った軍船が真っ赤な太陽に照らされ、反逆の不気味な帆影を現わしてイササの浜に入って来たのだ。

大国主命の出雲軍は、一瞬、何が起こったか分からなかったが、この反逆の強烈な衝撃に茫然としたのは言うまでもない。

空に雲は渦巻き風雲急を告げ、海は逆巻き不気味に波は白く狂い、両軍の体中の血管は緊張し熱い血は張り裂け、心臓を鼓動させ、緊張は極限に達し、両軍は対じして見つめ合い一瞬シーンとなった。

すると舟より一人の男が降り立って波をかき分け、イササの浜の大国主命の軍の真ん中に入り込んで、大胆にも座り込んだ。他でもない建御雷《たけみかずち》、その人であった。

束ねて持っていった刀を抜いて、柄を握り手を浜に立て、刃先を顔のみけんの真ん前に、刃先を腹につけて、そして又、刃先を背中につきさして「さあ、ズタズタに切ってくれ」と言わんばかりに腕を組んで口上を始めた。「私は海洋人と王と指導者の命をもちてあなたの所に問い遣わされたのである。

今あなたが治めている海洋国は『海神の子孫の出雲王朝の治める国』と言う事ができる。出雲王朝の子孫に奉るか、否か」と。

御存知の様に大国主は王ではない。根の国の王の娘ムコで、代理に国を治めているだけである。そして又、男子系統の考えから言えば出雲王室の後継者でもない。

出雲王室の正統な後継者とは、大国主をいじめ出雲の国を逃げだし、九州の裏側の隅で生き永らえているボンボンの王子達である。

建御雷の裏切りの言葉に建御雷はすぐに切り殺されたか。

いつの世もそうであるが、刀を相手に渡して「さあ、殺してくれ、殺してくれ」と迫る相手に「それでは」と殺せるものではない。

たとえ裏切りの言葉であっても。

出雲の軍隊のダレ一人、建御雷《たけみかずち》を殺す者はおらず、建御雷《たけみかずち》の言葉は大国主に伝えられた。

大国主の返事はこうだった。「全くおかしな事よ。なんじらは、これ、わが所によく来られたものだ！許すことができない」と。

殺されるために来た建御雷《たけみかずち》も、大国主の言葉に恐れて逃げ出した。舟を引き返して指導者の所へと報告した。

数日して返事の軍隊が再び、イササの浜に着いて、口上した。

「あなたが言う事を聞かせてもらって、深い理屈があります。その通りです。それで代わりとなる条件を伝えます。あなたが治めている海洋人は、海洋人の王に与えてもらいたい。あなたはその上に立つこの海の、この大自然の神事をやってもらいたい。まだ有ります。あなたが住む宮殿を今、お作りいたします。柱は高く太く、板は広く厚くしましょう。又、あなたの国を作ります。又、あなたがかよって海に遊ぶにそなえるために高い橋を作り、水上に浮かべる橋を作り、高速艇などを製造致します。又、海の安浦に掛橋を作ります。又、厳重にも縫い合わせガン強な白盾をそなえます。そして、海の王をもってあなたをお守りいたします。何事もお聞きします。是非、国を譲り下さい」と。

大国主が返事は「それほどねんごろに言うならば、我が子に問いて後に返事しましょう」と。

建御雷《たけみかずち》も、大国主の前では恐れ多い。それでは事代主《ことしろぬし》に殺していただこうと死ぬ気で事代主《ことしろぬし》の居場所を探しまくった。美保の岬にいるとの情報を得て出かけて行った。

事代主《ことしろぬし》は最愛の恋人との寝室を襲われたショックで死んだと伝わる恋人を思い、ただ女遊びや鳥遊び、釣魚に興じていた、生けるシカバネであった。使者の話を聞き、怒る訳でもない。又、ましてやその軍隊国と戦おうともしなかった。

ただ「この出雲の国を海の神の御子孫に献上いたします」と言って事代主《ことしろぬし》の軍艦を全て沈めていまい、呪文をとなえ、男として誇りの髪の毛を切り落とし、正に陰者になって一人、山の中へと向かって歩き出した。事代主の哀れを知ってか、鳥も悲しく鳴いていた。

事代主《ことしろぬし》は発狂したのではなかった。父、大国主へ謝罪と、罪ほろぼしであった。「私は今まで大国主より武力があり、知識にすぐれ、父以上の素晴らしい器量の持ち主だといわれた。父も又そう見ていた。だが父を越えると言う期待が私の両肩にあまりにも重過ぎた。その重荷から逃げる為に、勢夜陀多良姫との恋に逃げ込んだ。その結果が今、来てしまった。父よ、許してください」と。

一方、建御雷は父の命令どおりに、あくまでも死ぬつもりでいた。しかし、死を賭けたこの仕事は、物凄い大事業であると、肌で感じ始めた。しかもこの大事業に、物凄い賞賛が指導者より、又、感嘆と感激が、うら若き乙女も含め、多くの人々より与えられた。

そして若い建御雷《たけみかずち》の心に、死ぬハズの命より、誇らしい生への命が芽生えて来ていた。思わぬ勝利に使者達は大国主に「今、あなたの子、事代主はかく言いました。なお意見を言う物はありますか」と。これに答えて大国主「我が王子、建御名方《たけみなかた》が有る。これをおいては無し」と。

こう言っている間に、建御名方《たけみなかた》が大きな岩を軽々と手先に捧げ持て「いったい誰だ。我が国に忍んで来て、企んで、コソコソと物言っている者は。一つ力競べをしよう」と建御雷の手をとって組んだ。

以前は、いつも建御雷《たけみかずち》と力競べをして勝っていた。

そのつもりで組んだが、いつもと様子が違った。前は王子である建名方にわざと負けたのだ。組んでいる内にその事が建御名方《たけみなかた》にも分かってきた。建御名方《たけみなかた》王子は大人に組みした子供の様だった。

見ていた者も建御名方《たけみなかた》の不利をさとった。建御名方《たけみなかた》はおもわぬ不利を悟って刀をぬいた。そして両軍はワーット戦闘を始めた。

建御名方《たけみなかた》のブザマに負けた不利は戦闘が始まってもぬぐえなかった。ましてや相手は世界最強の尾羽張将軍の軍である。じりじりと建名方《たけみなかた》軍は後退し逃げ出した。

建御雷《たけみかずち》はその後を追った。追いつかれた時、建御名方《たけみなかた》は「恐れ入りました。降参いたします。父・大国主と、又兄・事大主の言に違わず、この出雲の国を海の神の子孫に献上致します」と言った。

高木神の策は、須勢理姫の策は、又大島根の古老の策は全て完ぺきなまでに成功し、ここを持って大国主も決心した。

「我が子は譲った。故に隠居している我が身も譲ろう。もし我が戦い続ければ、大八島の中の者が戦い続けるだろう。今我が譲りて、海の神の子孫に国をたてまつらば、誰が又あえて、誰があえてこれに覆すものがありましょうか。決して無いでしょう」と降伏した。

帰順のあかしとして、戦いの時にいつも持っていた、二つの広ホコを二人の使者に渡した。二人の使者はその広ホコを持ちて、勝ち誇り、帰って指導者に報告した。その広ホコを全ての港に示し、大国主の帰順を示した。

出雲人は、それに反抗する者を殺し、海洋国を一つにまとめ、九州の裏側にいた出雲王室の正統な後継者、ボンボンの王子に広ホコを渡し、海洋国・出雲王朝の復活を宣言した。


ちょうどその頃、赤鼻《あかはな》が近衛兵をつれて大国主の宮殿に到着した。尾羽張将軍が海の最強軍団なら、老けたとはいえ赤鼻将軍の近衛兵は向かうところ敵なしの陸の最強の軍団である。

赤鼻《あかはな》は王室に入って行き大国主に言った「何て事だ、何たる陰謀。海が大それた事を望み、波立ち逆巻き荒れ狂い天を覆い黄金の太陽を沈ませ、世を暗黒の暗闇にした。信じられん事だ。出雲の海洋人が恩ある大国主様を裏切るとは。

私が若ければもっと早くに来られたものを。そうしたら、あのガキ共を皆殺しにやったのに。いまいましいあのガキ共め。

遅れて来たのは他でも無い。事変を聞いて四方八方からの確かな情報を確認して来たからです。と言うのは大物主が反旗を上げましたが、大物主に味方するのはヤマト一国だけです。

それも古参の上部の者だけです。実際に戦う下部組織はヤマトでさえも我々に内応しています。ましてやヤマト以外の国は、すべて我々の味方です。是非お立ち願います。そして大物主と戦って下さい。必ず我々が勝ちます」。

これに答えて大国主「もういい。負ける事は絶対に無い。だが、高御産に反抗して殺された者がいたそうだ。もう血を流すのはいい、争いはもういい」。

赤鼻《あかはな》「是非たって下され。大国主様は後続者の事代主様と、少名彦の一番弟子である尾羽張将軍の建御雷の事で弱気になっておられますが、私があなたの後継者を造り、王と致します」。

大国主「今言ったように、もういい。尾羽張将軍の目的通り建御雷が口上を述べて殺されてくれていたら、海洋人は私にも大物主にも両方に顔が立った。だが、若き物が変化を求め走った。

息子を山奥においやり、どうしても私に味方して逆らった海洋人は、首をはねられてしまったと聞く。この大物主の反乱を私が鎮めたとしたらどうなる。私は、『海洋人は許してくれ』と言ったとしても、内地人が海洋人を虐殺するであろう。

我が愛する海洋人はそち赤鼻の祖先である。少数民族は虐待されるような事は絶対に起こしてはならん。

争いは獰猛な強欲がむき出しになり、婦女子が悲鳴を上げ泣き叫ぶ略奪、暴行、殺人と地獄の恐怖が人を飲み込み、忌まわしい凶兆が吹き荒れるのだ。血はもういい！争いは起こしてはならん！

それだけではない。第一この大八島は、妻・須勢理姫の父・須佐の男王のモノである。という事は、この大八島はその息子・三輪の大物主《おおものぬし》のモノである。大物主が私に政治を任せると言えば、私と息子が政治を取るが、逆に大物主が欲しいといえば、それは大物主《おおものぬし》の物である。それが正道だ。私が勝ったら海洋人と同様、島根の古き友人が、ことごとく死に絶える。もういい、血はもういい」。

赤鼻《あかはな》「ご承知の洋に、海洋人が恩人・大国主様を売った理由の一つは『占領地を海洋人に与える』という事。それはエゾの力をそぐ事ができるが九州では争いが争いを呼び大乱となり無法地帯と化す。

貴方様の愛する海洋人は海に浮かぶ海賊になり下がる。私の先祖は海賊かも知れないが今ではおすにおされぬ大八島の大将軍である。

その海賊共が、あなた様を売ったもう一つの理由であるが、根の国の半分を大物主より得ようとしている。海賊共が得る、その半分とは私達の先祖が、この国を造りし大王・スサノオの命と、人を寄せ付けない荒廃する未開地を黄金色に染まる稲穂を実らせた私達の開拓地だ。根の国の人に支配されるなら我慢する。だが、あの海賊共に支配されるのは絶対に嫌だ」。

大国主「船の中と港にしか住めない出雲人が冷たい海水ではなく暖かい母なる神々の大地・東島根に住むのは昔から悲願で有る。

又、九州が大混乱におちいれば、卑人(海洋人)が弥人(原住民)に呼び掛けて、平和を作りだすだろう。もう争いはよい」。

・・・・大国主に「卑人(海洋人)が弥人(原住民)に呼び掛け」と言わせたが、朝鮮の新羅記に三輪の大物主と思われる人物が新羅より日本に来たのは一五七年とある。そして一七三年、倭国の卑弥呼が新羅に使者を送って礼訪して来た、とある。

即ち三輪の大物主と思われる人物が来た一六年後に卑弥呼が新羅に礼訪したのだ。この事は、三輪の大物主の新羅から日本への大移動が、魏志倭人伝の卑弥呼を誕生させたと連想される。

神話は壮大な古代の歴史ロマンをかき立てる。・・・・

と言う事を先にも述べた。

・・・・歴史の先生方が大国主命や大物主命を、あたかも神話の中で造られた物語の様に解釈して、古代史と言えば邪馬台国の卑弥呼を聖書の如くに解釈して九州とか本州の畿内だとか論争をしている。

歴史家はもっと神話に真摯に向き合うべきではなのいか。

さもないと今まで述べた連想、否、これから述べる連想、空想の方が真実に近いものに成ってしまうかもしれない。・・・・・・・・・・・

全てを語り終えて大国主は静かに言った「須勢理姫の言い分は間違っていない。いや、正しい。我慢してくれ」と。

反旗をひるがえし、大国主を落としいれたが、命の恩人でもある須勢理姫を大国主は愛していたのだ。他方、大国主に赤鼻の気持ちは痛いほど分かった。血は水よりも濃くしと言うが、他人より血のつながった親戚の方が、より濃く仲良くなるが、逆にニクシミ合ったら、他人より親戚の方がニクシミは深い。兄弟がしかり、室町時代の親戚の新田義貞と足利尊氏がしかり。又、スサノオノ命から海洋人・卑人として先祖を同じくする日本と新羅がしかり。赤鼻は出雲人と先祖を同じくする同族である。

赤鼻《あかはな》「イヤダ、絶対にできん」。

大国主「私の命令がない事には近衛兵は動かすことはできん。たのむから耐えてくれ」。

赤鼻「これだけは絶対に耐えることはできん。近衛兵が動かなければ、我が一族だけでも、山にこもり戦う」。

大国主「私があなた方一族の安全は身を挺して守るが、戦わないで欲しい。戦えばあなた方一族に日の目を見ることが無い」。

赤鼻《あかはな》「それでも良い。海賊に支配されるよりも」。

大国主「赤鼻よ、私がガマンして耐えたこの心情を理解し、どうか耐えてくれ。戦いとは肉と肉を刻み血が流れ、略奪、暴行、殺人と地獄の恐怖が人を飲みこむ修羅場となる。戦わないでくれ」。

赤鼻《あかはな》「イヤダ、絶対にイヤダ」と真っ赤な顔をして目にはクヤシ涙をあふれて大国主の元を去って行った。

大国主の目にも涙があふれていた。いつか見た光景だ!そうだ!初めて二人があった時の光景だ! 赤鼻《あかはな》の軍が出雲を征服した時に会った青春の光景だ。ほんの昨日の事の様だが人の世は夢の様に過ぎて行く。初めてあった時は若さがあった、未来があった。だが今は輝く未来とは違う道に行かなければならなかった。誰もが通る、老いて行く道へ。もう太陽は、完全に西に傾いていた。

片隅で二人の話をジッと聞いている者がいた。他ならぬ山田の案山子《かかし》であった。「何てこった。我がダンナ様は。我が出雲の海洋国が滅亡すると言うが、つまらぬ欲をかいて滅亡するのだから、自業自得だ。腐った海洋国が滅亡しても、そこから新しく輝くものが生まれ育っていく。第一、大国主様、あなた様がその象徴ではないか。それが自然のイトナミというものだ。

大きく外を見れば、国譲りすれば海洋人の侵攻で、九州では原住民と卑人が、又、卑人同志の争いで、大乱が起こる。

又、内では、人は皆、自分の子と子孫の繁栄の為に生きる。

年をとればなおさら当たり前の事ではないか。何と言う事だ。我がダンナ様を裏切ったら滅亡するのは当然である。人は稲穂を横取りしようとする者があれば、これを防ぐものである」。

これに答えて大国主命「人は作った稲穂を、なるべく多くの人に分け与えるのである。決して稲穂のためにお互いに争い会って滅びる事があってはならない」。

それでも案山子《かかし》は、何とか大国主を説得しようとした。

「赤鼻様の言う通り、戦えば必ずこちらが勝ちます。今度の事は全て赤鼻様の言う事が正しい。第一、昔から言うではありませんか。『人の世は全て、勝てば正義、敗ければ賊悪人』、敗ければ賊悪人として末代に伝わりましょう」。これに答えて大国主命「人の世は全て人の為のみ。指導者になるのも、平民に戻るのも人の為にのみ生きるのである」。案山子《かかし》はジッと考え込んだ。吉備国の竜王が病気になった時、命をかえりみず助けに行った大国主を思い出したのかもしれない。兄弟に殺されかけた大国主を、思い出したのかも知れない。

案山子は静かに言った「あなた様が間違っていると思ったが、あなた様は正しい。あなた様は偉大だ」と。そして王室を出て行った。

大八島は大物主に、海洋国は出雲の王子に、国譲りはしゅくしゅくとおこなわれ、人々は時代の変化を見た。

だがただ一人、この変化に従わない者がいた。ほかならぬ案山子《かかし》であった。一人、大国主の御旗、白旗に赤くぬった旗を舟の先につけて行動した。出雲の指導者達はこれをニガニガしく思い見守ったが、出雲人と大八島の人々は、この旗のついた舟を大いなる歓喜と声援をもって迎え、これを見送った。

真っ赤に燃えた太陽が西の空に神々しい光を放って、世の無常を示し、海の彼方に消えて行った。

その後の赤鼻による征服

大国主命の物語の終りに、その後の赤鼻の事を連想しておこう。
その後の赤鼻《あかはな》が日本国誕生の歴史を作ったと連想する。
いや、赤鼻《あかはな》こそが歴史書にも神話にも無い、日本国誕生のサキガケとなった人である。
その後の赤鼻は山の中で野垂れ死にでもしたのか。そうではない。
赤鼻は蝦夷の信王と結んで大物主《おおものぬし》の西日本を征服したのだ。
蝦夷の信王とは東日本の全てを統一していた王の中の王であった。

蝦夷は、多数の集落に分かれていた。しかし、大国主の西日本全土に領土を広げた大島根の国に対して蝦夷の首長達は危機感を持ち、信州・長野県に、信王を誕生させた。ちょうどスサノオの根の国に対して危機感を持ち、吉国の竜王が出て瀬戸一帯をまとめた様に。

竜王は神出鬼没の戦う所、敵なしの強い男であったが、信王は特別に戦に強い男ではなかった。

しかし宗教の高僧が然り、悩みを持って会いに行くと悩みはたちまち癒されて命を捧げようと思う人物、それが信王だった。

信州長野の信王は、巨大な権力の王の上に君臨する大王だった。

何故、長野県の奥深い山の中に蝦夷の中心地があったのか。

それは鉄器にも勝る武器・黒曜石は長野県が産地であったからだ。

又、この時代、古代遺跡は日本国中で信州長野県が一番多く、山の中にも要塞の如き大施設、大集落が形成され、遺品遺物の最高傑作は全て信州長野県で発掘されている。

他でもない、信州長野県で生産される黒曜石は鋭い切れ味を持ち、当時は鉄器にも優る最高の武器で全国から人が集まったからだ。

農耕の弥生時代から現代まででも約二千年しかない。縄文時代は何万年とあった。ただ鉄器と農耕文明がないだけで、信州長野王国は西日本の十数倍の人口を持ち、それはそれは大変素晴らしい繁栄と文明をオウ歌していた。

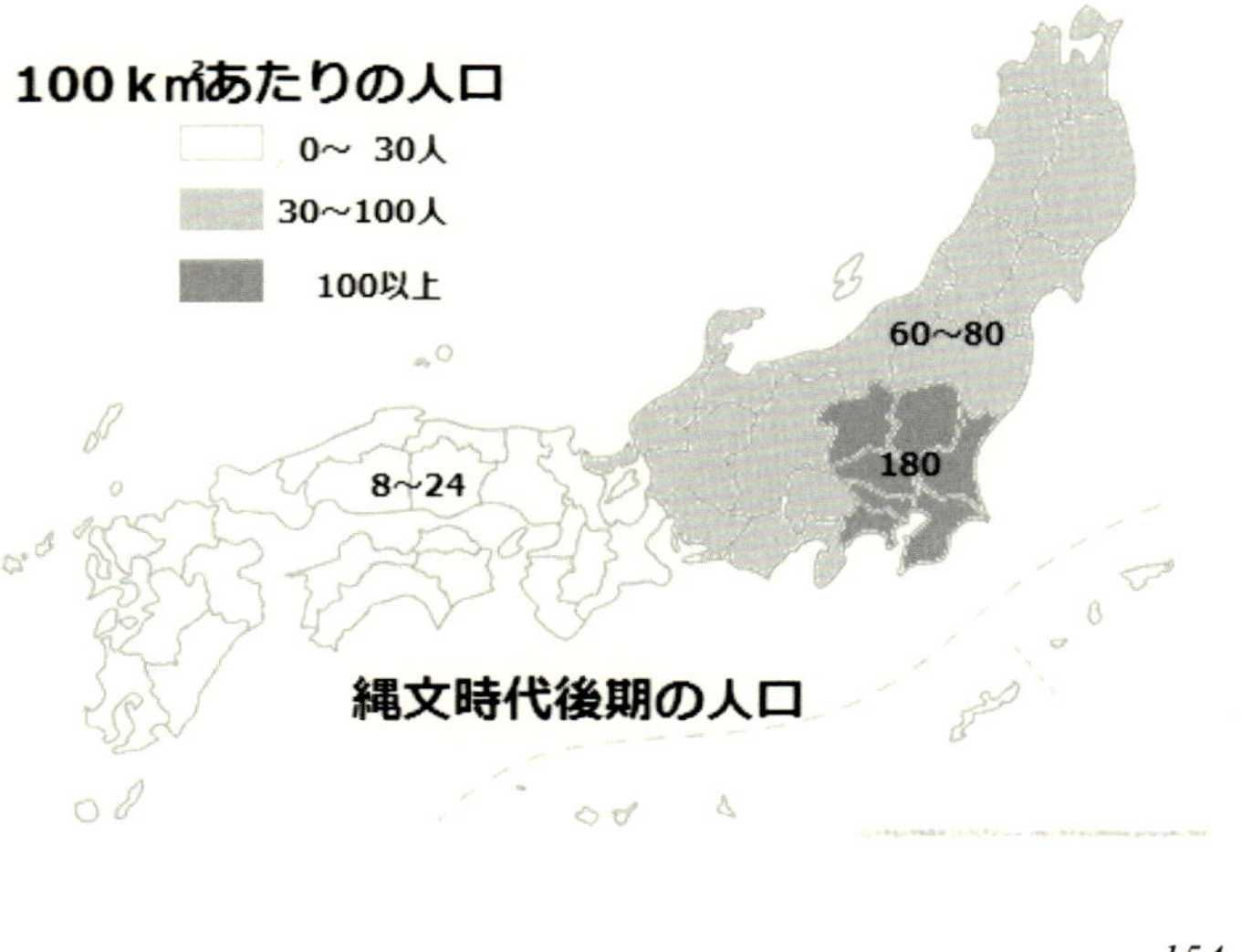

縄文時代後期の人口

それから今でも、長野県の軽井沢は、日本一住みやすい一等地である。スサノオ命の大蛇退治が有った様に、日本は熱い時期を迎え軽井沢は住みやすい一等地であった。大蛇は熱帯でないと生じない。

事実、地質学・気象学ではこの時代に七百年に一度の熱い時代が来た事を示している。寒い時代に入ると中国の魏志倭人伝で言う様に、倭国の大乱が起り、卑弥呼、日本武尊が出て治める。後の世にも寒い時代に入ると、平安時代には武士が台頭して来た。

農耕文明を拒否した
信州長野王国
(国立民族博物館研究)

赤鼻《あかはな》が打ちひしがれている時，山田の案山子《かかし》が「蝦夷に君臨する王の中の王・信王が建御名方《たけみなかた》様と赤鼻様にお会いしたい、との不確かな情報が有る」と赤鼻に伝えた。

その言葉に赤鼻の心は火と燃え、希望は光り輝きに満ちた。

国譲りで心が打ちひしがれ枯れ果ててしまえば、枯れた心より熱き炎は忽然と燃え上がるのだ。

赤鼻はすぐに蝦夷の信王の下に命をかけて会いに出かけた。

それは飢餓になれば食物を求めると同じ行動であった。

信王も若き頃より赤鼻の勇名は聞いていた。その赤鼻が会いに来た、との報を受けた信王も、敵と言うよりも若き頃から聞く赤鼻の勇名を思い、会いたい、と思っていた。その前に信王は、大国主が吉備国の竜王の命を助けた、感動の逸話も知っていたからだ。

赤鼻《あかはな》を王宮に向かい入れて信王は言った「その老骨でよくここまで来たものぞ」。赤鼻「あんたもその老骨で良く生きていたものだな」。赤鼻も老いていたが、信王も老けていた。

英雄は英雄を知ると言うが、信王は、この無礼な赤鼻の言葉に心から笑って喜び、近づいて赤鼻を抱き締め、いたわりの情を示した。

二人は一瞬の間に百年の知己となり、刎頚の友の情を抱いた。

信王に無礼な言動を吐き、しかも、もし武器を隠し持っていたとしたら赤鼻は信王を刺し殺す事もできる。

全くの初対面なのに、この友情ある歓待ぶりに赤鼻は大国主に変わって、信王に余命をささげようと決心した。

否、これこそが生来の徳を讃えた蝦夷の聖王、信王の人徳で無数にある蝦夷の王を感服させて王の上に君臨する王に成ったのだ。

赤鼻《あかはな》は、今までいきさつを全て信王に語りかけた。そして大島根の国を追われた大国主の子、建御名方《たけみなかた》を持って大島根の国を征服しようと思う」と一気にしゃべった。

信王は赤鼻の話にじっと耳を傾けた。そしておもむろに口を開いて「蝦夷はあなた様に全面的に協力して、大国の子・建御名方《たけみなかた》様を我が一族に迎えましょう。そして、大島根の国を征服したあかつきには大国の子・建御名方《たけみなかた》様に、そのまま大島根の国を任せましょう」と言った。

江戸時代に、徳川家による支配のため全国の領主から妻子を強引に人質に取ったが、信王の一族に迎え信州に妻子を住まわせるのとは意味が違う。あくまでも相手を、信じる、のである。

赤鼻にしては信王と手を組む事さえ断られると思っていたのに、一族に迎え入れ、大島根の国を征服すればそのまま建御名方《たけみなかた》に統治させてくれるなんて、こんな好条件はない。信王に妻子をアズけるのは当前の事である。

大王・信王は吉備国の竜王の命を助けた大国主の逸話に感動していたからであるが、それ以外に信州長野王国に事情があった。

最近、東国の平和な蝦夷の地に、海賊が出没し始めた。東国人にとって、今まで見た事のない鉄器を使う西日本人の海賊行為である。

大物主が王に成ってからなので、彼が後ろで糸を引いている事は明らかであった。大物主を廃し、大国主の子・建御名方《たけみなかた》を立てるのは蝦夷の平和を守る為の正当防衛であった。

大王・信王をして海賊退治の為に、鉄器を持つ西日本人と手を結ぶ必要があった。その海賊退治・治安維持の為に屈強な蝦夷軍を惜しげもなく信王は赤鼻に貸し与えた。こうして赤鼻と蝦夷の連合軍のヤマト征服の作戦は決行された。

当時、信州・長野から大和に行く道は起伏の厳しい困難な、道なき道のケモノ道であった中仙道である。赤鼻《あかはな》と蝦夷の連合軍は困難なケモノミチ中仙道に踏み込んで行った。赤鼻《あかはな》も幾度なく山道を通り山の中で戦ったが、赤鼻の居た西日本にはこの様な険しい山道は無かった。日も差さない道無き道が何時果てるともなく延々と永遠に続くのであった。

赤鼻《あかはな》はすでに老人に達していた。その老骨にムチ打って歩き、疲れた顔一つもせずにきびきびとした目で一軍の将として指図する姿に人々は感激して、励まされた。

獣のように頑強な蝦夷の道案内が付いているので道に迷う事なく平地に出ると岐阜、名古屋の屈強の蝦夷軍が先に信王の連絡を受けて待っていた。その屈強の軍と合流して山戸を征服する作戦である。

大物主の所にも赤鼻が蝦夷の信王の所に行った情報は流れていた。

それなら良いが岐阜、名古屋の蝦夷人が異様な動きをしているとの情報が入って来るに及んでいよいよ大物主《おおものぬし》の周辺を慌てさせた。

もともと東国の蝦夷が西日本に侵入する事はなかった。東日本は鮭などの魚が川をさかのぼって来る豊かな土地であったが、西日本は川に魚がさかのぼる事のない蝦夷の狩猟民族にとっては何の魅力もない不毛地帯であったからだ。当時の日本と言えば西日本の何倍ではない何十倍の兵力を持つ東日本の蝦夷の狩猟民族の事を言った。

その無類に強い蝦夷が赤鼻の手引きで侵入するとなると思うだけで震え上がる事であった。

大物主《おおものぬし》も有る限りの軍隊を集めて軍儀を重ねた。そしていよいよ赤鼻が現れたとの情報が入ると緊張は極に達した。

吉備の将軍は進み出て言った。「戦は先手必勝だ。関が原に不破の関と言う、破る事の出来ない天然の要害があると聞く。そこに軍を集めて奇襲を賭けて防ごう」。大島根の国において赤鼻がいない今、竜王以来の伝統を持つ吉備の将軍が一番の戦上手であった。皆はその意見に従った。

「戦は先手必勝だ。関が原に軍を集めて奇襲を賭けて戦う」と述べた吉備の将軍はさすがに名将である。攻撃して破壊する事が竜王始め，古代から今に至るまでの名将が成功した秘訣である。

近代の日清戦争、日露戦争、太平洋戦争もしかりである。

この関が原へ、西日本に覇を唱えた竜王の血を引く吉備の将軍の突撃効果は圧倒的であった。

城壁には抜け穴を作り、夜襲を賭けて、あらゆる方面から突撃して、吉備の将軍は勇猛に先頭に立ち、敵の陣の真っ只中に飛び込み暴れまくった。彼の部下も竜王の伝統ある武勇と輝かしい闘魂を持って続き、関が原をあっという間に占拠した。

敵は突然の夜襲に肝をつぶして腰をぬかし、脅え四散して逃げた。

だが、征服し布陣した軍の士気が、今ひとつ上がらない。

それは西日本から見れば関が原は、西日本人を何百年何千年閉じ込めた難攻不落に作られた鉄壁の天然の要塞であるが、東日本の東から見れば単なる陣地にすぎなかったからである。

それと関が原と言う場所が悪い。そもそも関が原とは、川に魚がのぼる事のない不毛地帯に住む西日本人が侵入して来ない為の不破の関である。米原から関が原には山々が連なり無言の圧力をかけ、蝦夷は恐ろしい怖い、天武天皇が怖い、徳川家康が怖い、と関ヶ原の山々が西日本人の戦意をくじく。

その昔、徳川家康が天下を取った戦いも関の原であった。

もっと昔、始めて天皇を名乗ったと言われる天武天皇が、兄・天智天皇の皇子・大友皇子を破って、天下を取ったのも関が原であった。

なぜ日本の歴史の重要な大戦がいつも関ヶ原なのか。

関ヶ原は四方に山と城壁で守られて天下の要害に思える。

しかし戦いは『防ぐ』守りに入った方が負ける。

守りに入るは相手が強いと思うからだ。蝦夷軍が強いのは周知の真実である。それに大島根の国の最強の赤鼻の近衛兵が加わったのだから守りに入らないのは嘘になる。

兎に角、関が原は東軍が西軍を破る為の関所である。

あえて西軍が勝つとしたら東軍を関が原以西の山々に誘い込んでゲリラ戦を仕掛ける事だろう。関が原以西の山々は敵にとっても恐怖の山々である。

関ヶ原でゲリラ戦を仕掛けられた人がいる。二百年後にだまし打ちされ殺された日本武尊である。


三輪の大物主軍は後からぞくぞくと詰め掛けたが、その関が原以西の恐怖の山々を通る時に無言の圧力をかけられ、異次元の世界に迷い込んだ如く、関が原の陣に加わっても戦意は上がらなかった。

その中で蝦夷と赤鼻の最強の軍が現れた。大物主軍はゾーとしたのは言うまでも無い。

関ケ原の大地は沈着に重く沈んで静かに息をした。

この関ケ原で赤鼻の蝦夷と大島根軍が戦う時がやってきたのだ。

赤鼻は進み出て吉備の将軍に語りかけた。「ここにおわすは大国主命様の王子・建御名方様であるぞ。吉備とは大国主様を守るために有るのだ。貴様は何を持って建御名方様に向かって軍を構える」。

吉備の将軍を初め、全て吉備の兵士はうなだれて武器を下に置いた。

赤鼻は吉備が大国主を裏切る国譲りに反対していた事を知っていた。吉備国とは命を助けられた竜王以来、大国主を守る国なのだ。

三輪の大物主軍は吉備軍を頼りに戦に臨んでいたのだ。それを見た大物主軍の将軍は混乱したと言うより臆病風に吹かれ、あわてて進み出て赤鼻に言った「この裏切り者め。よりによって蝦夷と手を組むとは何事だ。憎むべき謀反だ、恐るべき反逆だ」と。

そんな言葉にも赤鼻はたじろがず悠然として「我は大国主命様と共に日の本の国を創らんとする者なり」と言うや戦う意思の無くなった吉備軍を無視して大物主王の軍に襲い掛かった。戦わなくなった吉備軍を頼りの大物主の軍は恐怖で、ただオロオロと逃げ惑うだけの烏合の衆であった。

大物主軍は崩れ叫びを上げ逃げ、無残に雑魚の様に踏みにじられ、赤鼻は赤子の手をひねる様に打ち破った。

丁度、昔、赤鼻が大国主命をいじめたボンボンの王子を赤子の手をひねる様に打ち破り踏みにじり、瞬く間に出雲を征服した時の様に。

赤鼻は関が原を奪うや、関が原以西の山々に大物主の軍をせん滅する為に踏み込んだ。そして敵を完璧に殲滅して意気揚々と引き返そうとした。

と、その時、後ろを振り向くとけたたましい音と共に不破の関が占領されていた。彦火火出見(神武天皇)達がヤマトから鈴鹿を越えて来て、赤鼻達がいなくなった不破の関を占領したのだ。

戦っている背後で敵のあげる歓声は兵士に大変な恐怖をあたえる。

赤鼻はシマッタと思った。西からは関が原は難攻不落の鉄壁の要塞である。勇猛な吉備軍だから、敵が油断している時に夜襲を賭け、関が原を征服できたのである。関ケ原を破る事は不可能である。

この恐怖の山々に入り込んでしまって、ここでゲリラ戦でも仕掛けられたら終わりだ。彦火火出見(神武天皇)が仕掛けた宇陀の血原ではないが、落とし穴に槍でも仕掛けられれば、圧死してその体からは真っ赤な血がドット流れ出て戦意を失う。

ベトナム戦争でアメリカが負けたのはゲリラ戦でこの恐怖の罠にハマリ負けたのだ。人の心は目に見える物より目に見え無い物に恐怖する。そして彦火火出見(神武天皇)と吉備軍が反撃してくれれば戦いは完全に負ける。老いた赤鼻は一生の不覚と絶望した。

ここで赤鼻の思いもよらぬ事が起った。蝦夷人は毛深い体をしてゴリラの様にほとんど戦う事無く、ゾロゾロと赤鼻の後ろを付いて来るだけであった。しかし退路を断たれると猛然と動き出した。

ゴリラが妻子の待つ巣に戻ろうとするかのごとく、蝦夷人は故郷に向かって退路にいる彦火火出見(神武天皇)と吉備軍に野獣が狂った様に暴れ、襲い掛った。

徳川家康が三方ヶ原で武田軍の退路を断ったがために全滅に近くやられた。蝦夷人は故郷に向かって突進したのと同じ原理で武田軍が故郷に向かって突進して徳川軍を徹底的にたたいたからだ。

この武田軍の戦法を関が原に応用して徳川家康は関ヶ原の戦いに勝ったのだ。

赤鼻が絶望した瞬間、この蝦夷人の野獣の様な行動で、たちまち逆転した。元々戦う意志の無い吉備軍が逃げ出したのはもちろんの事、彦火火出見(神武天皇)達も胆を冷やし、蹴散らされた。

彦火火出見が不破の関を占拠したのもほんの一瞬の間であった。

こうして古代・関が原の戦いは完全に東軍・赤鼻の勝利となった。勿論、恐怖の罠を仕掛けたゲリラ戦も有るはずもなかった。


赤鼻と王子・建御名方《たけみなかた》は威風堂々と凱旋して山戸に入って来た。

赤鼻と建御名方の帰還を待ち切れずに多くの民衆はヤマトに集った。その数、黒山の如く延々と続いた。凱旋した時は人の渦で沸き返り、口々に「わが王、万歳、万歳」と叫び、熱狂的な歓声をあげ盛大に迎えた。

王と成った建御名方は信州から帰り、一段と成長して立派になり、ますます風格が出て来て本物の王と成ったと皆、褒め称えて喜んだ。

それ故、だまし討ちである大国主命の国譲りに思いを馳せ、嬉し泣きの声を張り上げる人は大勢いた。

老いたとはいえ、赤鼻《あかはな》の自信に充ちた立派な風格はモチロンの事で、老いた枯木が豪華に咲き誇った如く、人々は感激して一挙手一投足に盛大な拍手が湧いた。

いぜん、大国主王と赤鼻の人気は衰えず、民衆は心より喜んだ。

こうして大国主の皇子・建御名方《たけみなかた》の統治が始まった。又、黄金の輝く太陽が昇って行った。


大国主は愛する須勢理姫の一族・大物主《おおものぬし》へ寛大な待遇を求めた。

赤鼻にとっても須勢理姫は過っての主人である。これを受け入れた。

即ち、須勢理姫の兄・大物主《おおものぬし》は退去させられたが、その息子は政治から除外され、三輪山に祭られ住んだ。

出雲も再び赤鼻の大島根の国に支配されたが、船の中と港にしか住めない出雲人が、聖地巡礼を切望していた大いなる神々の生誕の地・東島根は、大国主の要望により、そのまま出雲人に管理された。

大島根の国が蝦夷に征服された事は歴史上から抹殺されて無い。

しかし、抹殺されたと言うより、蝦夷人は文字を持たないので自然に消滅し伝わらなかったのだ。

又、ヤマト人も文字を持たない。文字を持つのは出雲人だけである。その出雲人は恩人の大国主を欲の為、人に言えない裏切りをしたのである。恥ずかしき事は穴の中に入っても消えない。建御名方《たけみなかた》に出雲は殲滅されて消えてもおかしくないのだ。

いや、出雲の関係者は全て処刑された。だから建御名方と言う名前は恐れ多くて、恐ろしくて、出雲人は一切記録には残せなかった。

口で伝承された神話・古事記のみに記されたのだ。

皆様は、あんな蝦夷なんかにに征服されたので記録に残さかったのではないか、と思われるだろうが、それは逆である。

当時は日本人と言えば蝦夷人の事を言い、西日本人は差別され卑化されてて交わる事もなかった。その卑下されていた西日本人が蝦夷の信王により初めて人間として扱われた。しかも、卑下された民族の事代主王・建御名方《たけみなかた》が信王の一族になったのである。だから蝦夷と同じ日本人となった事を熱狂的な歓声をあげ、赤鼻と建御名方の帰還を民衆は黒山の人の渦で沸き返り喜び合った。そして信王を宗教の高僧ではなく、神様の如く崇め敬った。

だが、信王にすれば神様なんてモノではなかった。

先に信王は、吉備国の竜王の命を助けた大国主の感動の逸話を聞き、大国主の子・建御名方《たけみなかた》を長野王国に迎い入れた、と述べた。

しかし本当は、建御名方の母・沼河姫《ぬなかわひめ》に逢いたかったからである。沼河姫《ぬなかわひめ》の越国は信州・長野県のすぐ北側で大島根国より遥かに近い。大国主命に取られてしまったが、沼河姫の評判を聞き、若きより恋いこがれていた。赤鼻と建御名方《たけみなかた》が来た時は沼河姫に逢いたくて、信王は沼河姫の子・建御名方を一族に迎えたのだ。

こうして信王は憧れの沼河姫に会う事ができたのであった。

沼河姫《ぬなかわひめ》はとうに女ざかりを過ぎているのに気品高く新鮮な美しさも整っていて齢を取ってもハッとする魅力が有り、信王も感激した。

しかし沼河姫は息子・建御名方《たけみなかた》の行く末を見届けると自分の齢を恥じて故郷・越国に身を引いて行った。その様はまさに愛で称えるべき全てが完備した女であったと皆は去りゆく沼河姫を愛で称えた。


その昔より、為政の影に女がいた。

沼河姫《ぬなかわひめ》が歌った

大国主の神の命さま
なよれた草の　女ですから
我が心　ただよい浮かぶ　水際の鳥
今でこそ　私の鳥で　私はいても
もうすぐ後に　あなたの鳥になりましょう

どうぞ命は　取らないで

青山に　日が隠れれば
暗闇の　夜が来ますが
朝日が明けて　ほほ笑みで　まぶしく栄えた
あなたが来れば

たく網の　艶々とした　白い腕
淡雪の　ふわっとした　若い乳房を
そっと撫で合い　絡み合い
真玉の様な美しい手に　玉の手を添え
いつまでも　いつまでも　安らかに寝て　いただきますに
そんな焦った　恋をしないで
大国主の神の命様

（八千矛の　神の命　ぬえ草の　女にしあれば　我が心　浦渚の鳥ぞ　今こそは　我鳥にあらめ　後は　汝鳥にあらむど　命は　な殺せたまひそ
青山に　日が隠らば　ぬばたまの　夜は出でなむ　朝日の　笑み栄え来て　タク綱の白き腕　アワ雪の　若やる胸を　そだたき　たたきまながり　真玉手　玉手さし枕き　百長に　寝は寝さむを　あやに　な恋ひ聞こし　八千矛の　神の命）

の歌から大国主の妃・須勢理姫は嫉妬して古代の一大事変・国譲りを起こし、信王の恋から沼河姫の子・建御名方王の誕生と成った。

この沼河姫は生まれた所、その子・建御名方王と別れた所、姿を隠し余生を送った所などが、記された神話でなく多くの伝説で二千年の時を越えて今でも新潟県と長野県に延々と語り継がれている。


「その後の赤鼻による征服」は「吉備国の連想」と同様に神話にも歴史書にも、何処にも無い話である。

「吉備国の連想」は小さな島根の国が西日本に及ぶ大国となる歴史的な事実に、解釈を加えただけである。

しかし、「その後の赤鼻による征服」は歴史的事実をクッガエして、蝦夷・信王により西日本は統治される話である。赤鼻も架空なら蝦夷の信王も架空の人物である。ただ長野県の信州から連想しただけである。

では、そんなにおかしな話だろうか。いや違う。

まず大国主の子・建御名方は出雲から逃げて諏訪に祭られているが、長野県の諏訪は蝦夷の中心地である。

事実、この時代の遺跡は日本国中で一番信州長野県が多く、遺品、遺物の最高傑作は全て信州長野県で発掘されている。

しかも、当時、東日本の長野県でしか作れないはずの蝦夷の石器等が西日本一体に多数見つかる。

東日本の蝦夷の狩猟民族にとって、西日本は川に鮭など魚がさかのぼる事のないは何の魅力もない不毛地帯であった。蝦夷の何十分の一のカスの様な人しか住んでいなく、何ら征服する必要が無い。

その征服する必要も無い不毛地帯が長野県の蝦夷に征服された跡が有る、と言う事である。

それだけではない。農業等の新しい文明を教える出雲人の国造は毎年十月に全国から出雲に集まり相談をする。だから十月を出雲は神有月と言い他の日本全国は神無月と言う。だが、一つだけ神無月と言わない所がある。信州長野県である。全国の国造が出雲に集まり相談した結果を信州・事代主王に報告に行くからである。

他方、奈良県も十月は神無月である。つまりヤマトの天皇の所、三輪の大物主《おおものぬし》の所でさえも出雲人は報告に行かなかったのである。

即ち、出雲人の国造は天皇より、三輪の大物主《おおものぬし》より偉大なる信王以来日本全国を統治する信州長野を神様の如く敬っていたからである。

信王と建御名方《たけみなかた》と言う名前は恐ろしく恐れ多くて、出雲人は一切記録には残せなかったが信州長野へは神様の如く毎年報告に行った。だから信州長野は「神の有る国」と現代でも言われているのである。

この時代の遺跡は日本国中で信州長野県が一番多く、山の中にも要塞の如き大施設、大集落が形成され、遺品遺物の最高傑作は全て信州長野県で発掘されていると述べた。

農耕の弥生時代から現代まででも二千年ほどしかない。

信王のいた縄文時代は何万年とあった。ただ鉄器と農耕文明がないだけで、それ以外は、大変素晴らしい文明を謳歌していた。

信王の時代になるや、鉄器と農耕文明を取り入れて、出雲の国造だけではない、日本国中の人々が集まり、おいしい食べ物、きれいな服、素晴らしい住宅と全国から美食、美品、美具すべてが集まり、信州長野は日本の中心地としてにぎわい栄えていた。

遺品遺物の最高傑作は全て信州長野県で発掘されるのも当然である。

皆様が蝦夷地・信州の間違った先入観が有れば見直す事が必要だ。

信州長野は蝦夷だけでなく日本全国を統治する中心地であった。

出雲人も、信王の信州長野に、神ある国、として仕えていたのだ。

黒曜石と言う鉄器にも勝る最高の武器が産出されるから長野県が日本全国の中心地で

あったと述べた。黒曜石は信州長野県の南部で生産される。南部の諏訪地方が何千年何万年も昔からの蝦夷の中心地であった。しかし稲作が伝わってから、長い野の平地である北部の長野市に人々は移動して行った。だから事代主王は南部の諏訪、日本全国を統治する信州長野王国の本家本元のど真ん中に居たのだ。

それから初代の天皇と言われる崇神天皇の三代目景行天皇の子・日本武尊が二百年後に東日本を平定して日本国を作って行く、が、東日本の遠征の帰りに、帰る方向の違う信州・長野県をわざわざ迂回して攻略した。日本武尊が信州長野を攻略したから、王の中の王・信王の日本全国を統治する信州長野王国を連想した。

その前に日本武尊は蝦夷地・静岡県の焼津で焼き討ちの、だまし討ちに会う。焼津は港である。海洋人、即ち同族の出雲人にさえ天皇の皇子は、だまし討ちされたと考えられる。

出雲人も、天皇よりも信王の蝦夷を信頼して仕えていた事になる。

事実、歴史上で敵対するはずの蝦夷と出雲の海洋人が共存している跡が、蝦夷の東日本の各地で見つかっている。

記紀神話の不可解な欠史150年と言われる、神武天皇から崇神天皇まで200年近く記述が空白である。神武天皇の海洋人は文字を持っていたから、神武天皇のヤマト攻略を何月何日までアレほど詳しく記述する事が出来たのだ。それが明治100年と言うが200年の間ほとんど記述が無い。神武天皇はヤマトを征服した英雄である。神武天皇の妃は事代主王の娘である。その子孫が要職に就けないとしても記紀神話の記述があまりにも少なすぎる。

又、初めて天皇の位に即いたとされる崇神天皇が神武天皇の200年近く後に即位した時、大物主の子孫は最初、何処に居るのかも分からず、民の中から探し出して大物主の子孫と言う大田田根子に三輪山を祭らせたのだが、初代崇神天皇から十二代も後の雄略天皇の時でも、大国主の子孫は一言主神として天皇の上に存在していた。

それは赤鼻が大物主王の西日本を征服したからである。さもなくば、勝てば官軍、負ければ賊軍である。負ければ大国主は根の国と出雲を略奪した極悪人か、又は歴史上から抹殺されていただろう。

大国主命の、国譲り、の最初に、大国主の浮気物語が、何か重要な意味を持つのではないかと思えて来た、と述べた。

そして建御名方王の母・沼河姫の歌から、信王の恋、そして建御名方王の誕生と成って行った、と述べた。それは古来の伝説による。

大国主命は縁結びの神としても有名だが、高貴な東国と卑下されていた西国との縁を結んだのだ。

又、出雲人に大国主命を裏切らせる為、出雲の神々が生誕した島根の一部を出雲人に与える、と三輪の大物主の古参に述べさした。

それは古代島根とは別の異民族に東西半分ずつ支配されていた事による。島根の墳墓は西が円墳で東が方墳である。出雲人は一般的な現地人の円墳を拒み、中国を統一していた王室の伝統ある方墳で、王室の後継者であると威厳とプライドを持ち続けたのだ、と述べた。

墳墓、遺跡そして神話、伝説からは、以上の様な歴史が連想される。

神話からの連想は嘘とか間違いとか言う以前に遺跡や遺物、伝説からの想像である。

神話は全て真実である。詳しく書いてあれば単に歴史書であるが、特に大国主命は日本書紀に記述が少なく多くは伝承の古事記である。

即ち、大国主命の話は言い伝えだけで伝わったと言う事である。

そのことは逆に多くの空想が湧いてくる。

吉備国からの連想がしかり、神話の大事変・大国主命の国譲りがしかり、赤鼻による征服がしかり、東日本の蝦夷に比べ十何分の一の人口しかない、川に鮭など魚がさかのぼる事のないは不毛地帯に住む差別され卑下された西日本の民がしかり、王の上に君臨する高貴なる信州長野王国がしかり、色々な空想連想が湧いてくる。

ここに差別され卑化された西日本の民、と出て来ますが、西日本人(ヤマト)が差別され卑化されたとは「とんでもない」と何かの先入観から怒りだす人もいるかもしれない。

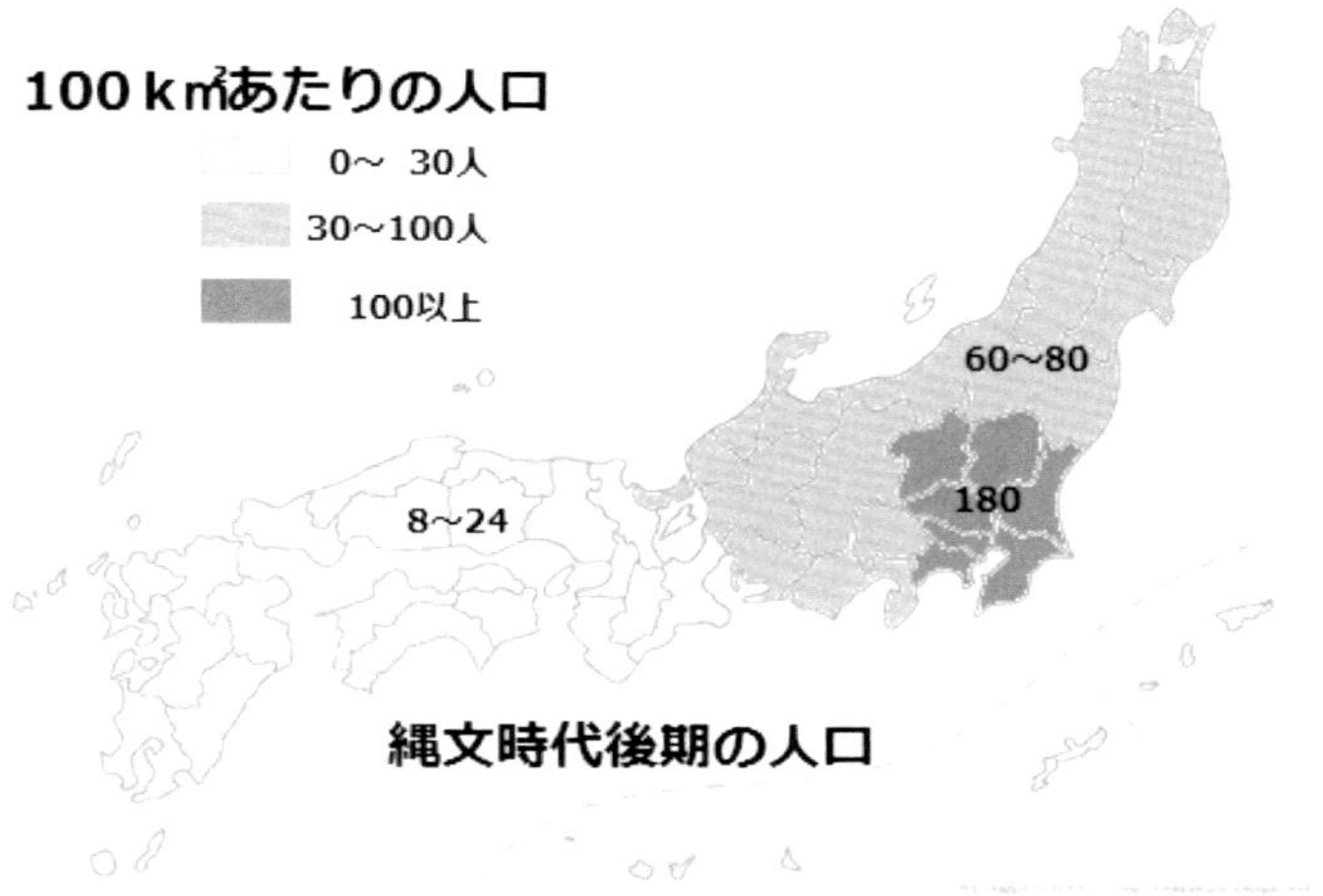
100ｋ㎡あたりの人口
0～ 30人
30～100人
100以上
60～80
180
8～24
縄文時代後期の人口

農耕文明を拒否した
信州長野王国
（国立民族博物館研究）

しかし後から調べて出て来る遺跡でも神話からの連想は真実ではないかと思えて来るし、最新の科学では、本当だった、と出て来た。

ＤＮＡ鑑定では西日本人（ヤマト）と東日本人の男女の交流が始まったのは古墳時代からだ。神功皇后の朝鮮平定後の古墳時代から初めて高貴な東国人との交流、男女の交流が出来たのだ。

東関東には奈良県の九倍近い前方後円墳が存在している。
前方後円墳とは古墳時代の天皇の西日本の特有の墓である。

遺跡や最新の科学で分かって来なくても、先入観なしに崇高なる先人が書いた神話・記紀を冷静に読めば想像が湧いてくる。

「神武天皇の山戸《ヤマト》攻略」もしかり。その最後に・・・・・「昔、天と地がまだわかれず・・・固まっていなかった・・・天が先ず出来上がって地がその後でできた」と骨董無形に記された神話の始まりでさえも「日と月は既に生まれたまいき。しかる後に蛭子(不具の児)を産む」と日の神・天照大神は既に生まれて、まるで原住民の子であるが如きに書いてある・・・・と記した。

崇高なる書記と言う職業柄、真実を記して間違った事は記さない。

その真実である神話が連想しろと書いてあるのだ。吉備国からの連想がしかり、その後の赤鼻による征服、がしかり。その歴史的事実に、神話は連想しろと言っているが如く。

神話からは大国命の子・事代主王建御名方と信州長野王国の信王による統治が始まり

以後、二百年以上続く。

この二百年以上の間、東日本で蝦夷の狩猟民族の中に鍬・スキによる農耕文明も広がって行く。農耕文明を取り入れた蝦夷とは信州・長野県を中心とした東京都から東海の蝦夷で、昔ながらの狩猟だけで生きて行こうとする蝦夷とは西日本の農耕民の侵入を関が原で防いで来た岐阜の蝦夷と東関東、北陸の蝦夷であった。

即ち、大国主の次の世代には東国・信州長野王国で狩猟民と農耕民の対立が起って行く。

長野王国中心に、農耕民族に広がった農耕文明を象徴する弥生土器、S字カメの分布

何故に東日本人同士で狩猟と農耕で対立が起こったのか。

農耕は生活を豊かにするが、葛藤を生み出す欲から縄張りを作り互いに争い、勢力の有る者が弱い者を所有地から追い出すようになる。そして貧富の格差を生じると女を売ったり子供を売ったりする悲劇を起こすなどの農耕文明は弊害をだす。そして、いざ戦争となると農耕民は富でフヌケになり恐怖と臆病風に吹かれ、戦闘には役に立たなくなるから狩猟民は新しい農耕文明を拒んだのだ。

即ち狩猟の民にとって農耕は邪魔であり、農耕の民にとっては狩猟は田畑を荒らす邪魔者であった。その争いは最初では陰湿に、次第に激しさを増して日本武尊の東日本平定までつづく。

日本国誕生の歴史は大国主命から、さらに二百年後の日本武尊を待つ事になる。

神話では、日本武尊が東日本を平定しヤマトに凱旋する前に、天皇の朝廷にだまし討ちで殺される事が連想される。少名彦が兄弟に嫉まれて殺されたと同じである。又、大国主命の例もある。

日本武尊を、だまし討ちにした場所は他でもない関が原である。

関が原は東軍が西軍を破る為の関所である。

あえて西軍が勝つとしたら東軍を関が原以西の山々に誘い込んでゲリラ戦を仕掛ける事だろう。関が原以西は恐怖の山々である。

だまし打ちにされた日本武尊の様に関が原以西の恐怖の山々でゲリラ戦を仕掛けられたらヒトタマリモなく負けてしまう。

赤鼻から徳川家康まで歴史の転換点にある戦は関が原であった。


記紀神話からは以上の事が連想される。

神話は下手な歴史書よりも生き生きとした歴史を伝えている。

日本国が出来た根源に対する答えは神話である。

神話は日本人の心の故郷です。

神話から日本国誕生の世界に御招待します。

日本国を創りし
『大国主命』　島田建路　二千八百円
一粒社　愛知県半田市有楽町７－１４８－１
０５６９－２１－２１３０

小さな出雲の島が、小さな根の国が、如何に西日本に広がる大国になったのか。大国主命が、大国、を誕生させる物語。

又、神武天皇の東征と神話の大事変・大国主命の国譲りは何故に起こり、それが如何に日本国誕生につながって行ったのか。

歴史書に無い、神話にも無い日本国誕生の歴史を述べていく。

『開化する崇神』　島田建路　（インターネット）

神話では初代の天皇と言われる崇神天皇が誕生する。

何故に初代の天皇が誕生したのか。

それは崇神の父・開化将軍が日本の混乱期に組織だった軍隊を開化させ天皇の礎を築いた。

初代天皇と言われる崇神の誕生物語。

『英雄・日本武尊』　家安建次　千八百円　インターネット

日本武尊は日本国を誕生させた英雄である。

天皇の西日本に比べ、東国・蝦夷は十何倍もの強国であった。

その、おびえ死ぬ程まで恐れていた強国・東日本を何故、日本武尊が征服出来たのか。東日本人の十何分の一程しか居ない差別され卑下された天皇の西日本人が、どうして東日本を、そして日本を支配する様になったのか、その日本国誕生の歴史である。

『神功皇后と武内宿禰の朝鮮遠征』　島田建路（インターネット）

日本武尊の東日本征服後、蘇我家の創始者である武内宿禰はスーパースターの働きをして、神功皇后と共に朝鮮も征服してしまう。

何ゆえか！　その昔は日本の島根の国と新羅とはスサノオノミコトが造った同じ国であったからだ。

神功皇后の朝鮮遠征によって日本国は誕生したのである。

『朝鮮平定後の新羅と日本』　島田建路（インターネット）

神功皇后の朝鮮平定後の新羅の暗躍と、日本が朝鮮半島の日本の任那を失っていく二百年に渡る新羅と日本の関係を述べていく。

任那とは初めて天皇の位に即いたと言われる崇神天皇が即位した時、わが国の出身者が日本の王に成ったと朝鮮・新羅国の一部、任那が日本に帰属して、日本の国と成っていた。

初代天皇の崇神天皇は別名・任(ミマキ)天皇と言う。任那(ミマナ)とは崇神天皇のミマキ（任）の国（那）と言う意味である。

それほど大切な任那を日本は新羅に何故に取られてしまったのか。その任那が新羅に取られていく過程を述べていく。

蘇我家を滅ぼし大化の改新をなした

『卑人　藤原鎌足』　島田建路　（インターネット）

近代まで特権貴族として君臨した天下の藤原家の創始者・藤原鎌足は卑人と呼ばれ、特別に低い身分で、差別されて現地人と交わる事も無かった。

卑人とは魏志倭人伝に出てくる邪馬台国を作った卑弥呼と同族の民であるが、ここ大和朝廷においてはアンダーグラウンドの少数民族の集団であった。

その藤原鎌足が、何故に蘇我家を滅ぼし大化の改新をなしたのか。

それがどうして新羅による朝鮮統一につながっていったのか。

『口は気の病をなぜ治すのか』

宮城三郎　九百八十円

たにぐち書店　東京都豊島区池袋2－68－10

03－3980－5536

口は健康の源である。

口から健康医学を述べる事で、西洋医学、東洋医学、歯科医学、等の医学、そして呼吸法、気功法が分かりやすくなる。

『病をいやす口』

宮城三郎　千六百五十円

たにぐち書店　東京都豊島区池袋2－68－10

03－3980－5536

病をいやす口、の話をいたします。

病気の、気、とは電磁波です。

健康を形成する気・電磁波は口から始まり口で終わります。

口から森羅万象の健康医学が分かりやすくなる。

大国主命

発 行 日　　2025年3月27日

著　者　島 田 建 路

発行所　一 粒 書 房

〒475-0837 愛知県半田市有楽町7-148-1
TEL (0569) 21-2130
https://www.syobou.com

編集・印刷・製本　有限会社一粒社

Printed in Japan

ISBN978-4-86743-321-8 C0021